mamma ともさか

にんぷちゃん編

まえがき

そもそも日記を書きはじめたのは赤ちゃんのエコー写真を
保存するためでして。
ただただ個人的な日記、というか記録だね。
記録好きなのですよ私。
そんなものを改めて皆様に読んで頂くというのは、
何だか恥ずかしいような、申し訳ないような気もするのですが。

でもですね、面白かったんですよ！　にんぷ生活！
もちろん初産ですから、とにかくビックリの連続です。
あのポッコリお腹とかさー、なんなの？　あれ？
可愛すぎるんだけど！
他にも体だけじゃなくて気持ちの紆余曲折もすごくて、
「にんぷってすごいな！」と思わざるをえないのです。

病院での初検診日に突如はじまる日記。
とにもかくにもプライベートなものなんで、

読みづらかったり、おいおい……っていうところもありますが、
そのあたりは温かい目で読んでやってくださいませ。

ではでは、自宅出産へ向けて！
にんぷちゃん編！　はーじまるよ！

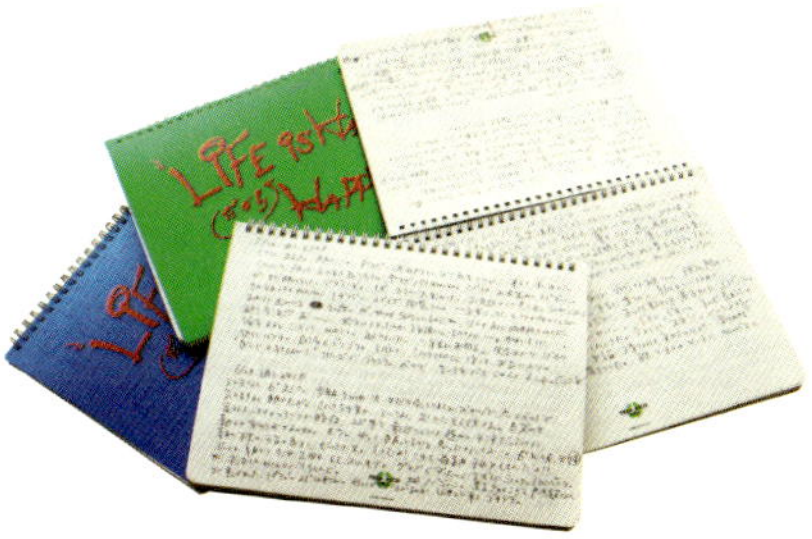

contents

mammaともさか

Making 1 ninpuchan

にんぷちゃんができるまで

2冊同時進行でスタートした『mammaともさか』。
制作の裏側をちょびっとだけ公開！

がんばるぞ!!

記念すべき初打ち合わせ。どんな本にするか、あれこれみんなで試行錯誤。

日記を読み返すと案外恥ずかしいもんだ。でもそれも正直な記録だから。なるべくそのまま伝わるといいな。

日記は大量なのです…

2006 3.29
三宿
某カフェ

糖分摂取中!!

腹が減ると途端に
思考能力が落ちる。
(言い訳)だからこう
やって糖分摂取!!

仕事中は子どもが居
ないから、存分に食
事ができる。嬉しく
てガツガツ食べる母
ちゃんなのです。

もりもり

日記の原本。今でも増えてます!!

2006 4.14
恵比寿某カフェ

まだまだがんばる

「にんぷちゃん」「こそだてちゃん」の表紙を撮り終えて一段落。如何でしょうか？ 個人的には気に入っているのですが。楓すけも一緒でつ、つかれた……！

時間があれば編集作業。いやぁ、気の遠くなる作業だね。個人的すぎて伝わりづらい部分などは、あれこれ調整。難しいやね。

編集は大変です。。。

2006
5.24
某事務所

chapter 1

妊娠発覚〜妊娠5ヶ月

妊娠しちゃった!?

4・22

病院にて初※検診。貧血で倒れたときに腰を強打したから心配だったけど、楓※すけは元気に着※床していてくれました。嬉しいよう。

超※音波で見る楓すけは小さくて小さくて可愛いです。まだ5cmくらい。心臓もトクトクしとったぞ！　早く大きくなってな、楓すけ。夫は照れくさいのかしら。報告しても真面目な顔しとった。今度の検診は夫と一緒に行こう!!

5・13

2度目の検診。今日も夫は仕事で来れず。今日の検査は梅毒、エイズ、B型肝炎、ｅｔｃ……。色々な検査のために注射器5本分の血液を抜かれる。注射キライ。しかしこれも楓すけのため!!　母ちゃん、がんばるっ。超音波によると、楓すけ9cmに成長！　今日は先生に笑われるくらいにウニウニ動いてました。ダンシング楓すけです。早くパパさんにも見せてあげたいね。

※初健診（はつけんしん）
妊娠しているかどうかを調べるために病院で行う健診のこと。目安は8週目までに胎児心拍が確認できれば妊娠が認められます。

※楓すけ（ふうすけ）
11ページコラム参照。

※着床（ちゃくしょう）
受精卵は子宮内膜に着地し、内膜にたどり着きます。これを着床といい、母体との間に胎盤が作られます。着床が認められれば、はれて妊娠成立です。

※超音波（ちょうおんぱ）
妊娠中の超音波検査は、お腹の中にいる胎児の情報を知るために行われます。この検査で妊娠14週を過ぎると胎児の性別も調べることができます。

Column

妊娠検査薬を使った日

結婚前から「赤ちゃん欲しい！」と騒いでたわしら夫婦は、すぐに授かるもんだと思い込んでいた。が、半年たっても兆候なしで「あ〜赤ちゃんって簡単には授からないんだな〜」と初めて実感。まぁこうなったら、赤ちゃん自身がタイミングみてやってきてくれるだろう！　と気持ちを切り替えた頃、ありゃ？　生理遅れてる？　待ってました！　と言わんばかりに、常にスタンバっていた※妊娠検査薬で調べることに。朝イチの尿が濃くていいと聞いてたので（ホントかね？）翌朝検査。個人差はあると思いますが、私はおしっこかけた瞬間にじわ〜っと陽性反応が！　あわわわ……赤ちゃんきた！　いざとなると何か慌てる。嬉しいんだがね。狭いトイレの中で1人うずくまり、半笑い。こうなったら、すぐに夫に言いたくなっちゃって寝込みを襲い「赤ちゃんきたよ！」と報告。「マジで!?」と飛び起きる夫。「ホントにきちゃったね〜」としみじみ、そしてニヤニヤ。今思い出すと、笑えますな。

楓の命名

日記の中でいきなり「楓（ふう）」と呼ばれる人こそ、私の赤ちゃんでございます。大好きな『マニマニ』という漫画に「楓子（ふうこ）ちゃん」という女の子が出てくるんですよ。ほやーんと我が道を行く女の子で、名前の響きとそこからイメージされる、なんかのんびりゆったりした感じがとても好きで。いつか自分に子供が出来たら、そんな名前がいいなぁ〜と

※妊娠検査薬（にんしんけんさやく）
妊娠したかどうかがわかる市販の検査薬のこと。生理が1週間以上遅れている場合に自分で調べられます。

※妊娠発覚直後の性別もなにもわからない時期に買ってきた姓名判断の本で、音の響きが好きで第一候補だった「楓（ふう）」に命名！

book

『男の子・女の子 幸せになる 名前の事典』
成美堂出版　監修：神宮怜香

か思ってて。そんなこんなで結婚して、気づいたら妊娠！　検査薬で調べたら陽性反応が出てテンション上がり、勢いですんごいベタな感じの命名事典を購入。最終的に２つ候補があったのですが、名字とのバランスや、姓名判断的にダントツで「楓」がトップ！　なんか声に出すと、つい笑顔になっちゃうというか、なんか気持ちがあったかくなるような、そんな名前になったんじゃないでしょうか。うちの楓さん、以後お見知りおきを〜。

Column

仲人のエリカさん

私が最初に行った病院は、妊婦業界でも超有名なスーパーブランド病院。院内も隅々まで美しく、先生も看護士さんも優しくて、別に文句のつけどころはないんだけど……何かが違う。何かピンとこない。自分がここでお産する絵が全く浮かばないのだ。こういう時の直感はとても大事だと思う。それに物凄い緊張したのだ、病院での検診が！　この時点で緊張してたら、お産なんてどうなっちゃうの!?　猛烈な不安に襲われつつ、ドラマ撮影を続ける日々。その間、私はあらゆるお産関係の本を読みあさり、ふと思うのである。自宅でだって産める！　これは確信だ！　こうなったら、助産師さん探さねば！　と思い、ここで桜沢エリカさんの登場である。エリカさんは私が昔からファンで、仕事で何度かお会いして連絡先を交換していた。エリカさんは２人のお子さんを自宅出産※なさっている。こりゃ電話しちゃうでしょ！　と慌てて連絡をとる。「とにかくラクチンで、一度自宅で産んだらやめられないよー」とエリカさん。すぐ決めなくてもいいし、相談できる人が近くにいるだけでも安心だからと、助産師さんを紹介して頂くことに。その方が言わずと知れたカリスマ助産師、神谷整子※さんである！

book

『贅沢なお産』
飛鳥新社　桜沢エリカ

※自宅出産（じたくしゅっさん）病院ではなく、自宅で出産すること。

※神谷整子（かみやせいこ）さん　東京大学医学部付属助産婦学校卒業後、東京大学付属病院産婦人科勤務。２０００年10月、東京都北区に「みづき助産院」を開院し、入院助産および出張助産を扱いながら、地域の母子保健業務にかかわる。著書に『知って安心お産の知恵袋─助産婦さんのアドバイス65話』（家の光協会）などがある。

Column

周囲への報告

妊娠初期、何が辛かったかといえば、なかなか妊娠の事実をまわりに打ち明けられなかったことだ。検査薬で陽性反応が出たものの、すぐに単発ドラマの撮影で京都へ。時代劇だったので着物の帯をぎゅーぎゅー締められ、赤ちゃんが苦しくないか心配だった。深夜ロケも凍え死ぬかと思うくらい寒くて「私、妊娠してんだよな～。何やってんだろ～……」と頭の中でぼんやり思いつつ、江戸弁で啖呵きっておりました。その後もドラマの主演が決まっていて、精神的にはボロボロ。妊娠していることを否定的に考えてしまった瞬間もあったなあ～。そんなこんなで、誰にも言えないまま撮影は進み、オンエア開始。撮影中はつわりがヒドくて、機嫌も悪くイライラ。今思えばマタニティブルーだったんだろうけど、何も知らないスタッフや共演者の皆様にはご迷惑かけたな……すみません。しかし、順調に見えてた撮影中、事件勃発。その日は先輩代議士妻役の野際陽子さんから、あれこれ忠告を受けてどんどん迫られるシーン。ドライ（リハーサル）開始時から、気持ち悪いな～と思っていたのだが、野際さんがズンズン迫ってくるの見てたら、急に目の前がチカチカ……。次の瞬間、そのまま後ろにぶっ倒れたのだ！　気づくとスタッフや野際さん達に囲まれ、取りあえず楽屋で休むよう言われる（この時、倒れたのを芝居だと思ってたスタッフもいたらしい☆）。しばし大騒ぎになる。これ以上身内スタッフには隠していられない！　と決意し、やっとこ告白。怒られたりするかと思いきや「おめでとう」と言って頂く。勿論驚いていらしたし、考えなくちゃいけないことも山盛りだったが「おめでとう」と言ってもらえるとは想像してなくて、ちょっと感動。それからは途端にお腹が出てきた！　マスコミやファンの方にご報告してからはさらに！　赤ちゃんも待っていてくれたのかな？

Rie memo.
つわりの頃は文字を読むのも気持ち悪くて、ドラマの台詞を覚えるのもゲロゲロでした……

6・3

遂に助産師の神谷さんと御対面。約束の時間きっちりにチャイムが鳴り、夫と私はそれだけで感動。初めてお会いするのに初めてじゃないような不思議な気持ちにさせてくれる方でした。些細な質問にも1つひとつ丁寧に答えてくれる。大きな病院では不可能なんだろうなぁ。神谷さんにお会いして、私の心の中では自宅出産決定!! 取りあえず来週、神谷さんに紹介してもらった「日本赤十字医療センター」へ行く事に。

今まではお腹の中にいる楓すけに対して不安一杯だったけど、今日神谷さんに会って「本当に母親になるんだっ!」という思いが沸々と。私がんばる! だから楓すけもがんばれー!!

そして! 心音※を聞かせてもらいました。もっと穏やかな音かと思いきや、とーん♪とーん♪とーん♪とーん♪ すんごい速くてビックリ。楓ちゃーん! 元気なんだねー。パパさんも感動しとったぞ。

さらにこの1、2週間で胎動※を感じられるようになるらしい。楽しみじゃ。

自宅出産の費用

健診料	5,000円程度（1回）
分娩料	20万～30万円程度
総費用	20万～40万円程度

※心音（しんおん）
心臓の音のこと。妊娠6週目になると超音波検査で胎児の心臓の拍動を聞くことができるようになります。

※胎動（たいどう）
赤ちゃんが母胎の中で動くこと。個人差はありますが、5ヶ月目くらいから感じはじめる人が多いようです。はじめは腸がゴロゴロするのに似た感覚ですが、妊娠後期になると手や足の位置もわかるようになります。

6・8

ここ2、3日で、どうやら胎動らしきものを感じるようになってきました。最初は夕方頃にお腹がぴくぴくしてる様な感じ。疲れたときにまぶたがぴくぴくってするやつです。あれと似たような感覚をお腹にも感じたのです。最初はまさかねぇ……と思ってたんだけど、頻繁に「ぴくぴくっ」を感じるようになり、今ではより明確に分かるようになってきました。今はお腹の中でぷくぷくいっとる。

昼：ツナとキャベツとじゃこのパスタ、レタスときゅうりのサラダ
夜：なす、トマト、ピーマン、玉ねぎ入りのドライカレー、かぼちゃのスープ

6・25 ［50・2kg］

ドラマも一段落して、取りあえずは産休入り。体に負担が少ないお仕事は続ける予定だけど、基本的には楓すけのことばーっかし考えてていいんだって♪　安産のために1日3時間の散歩を目標にとにかく散歩！　散歩！　1日3時間は気が遠くなりそうですが「目指せ！　安産」で頑張ります。散歩

の際の注意点としましては、こまめに休んで（限界までやっちゃうのは意味なし。気持ちいい疲労感を心がけよう）、こまめに水分補給！

安定期※に入って、いろいろとラクになりました。つわり※時期は思い出しただけで疲れる……。ちょっと歩いただけで吐き気&めまいがして気持ち悪かったし（空腹が重なったときは最悪）、自分でも驚くほどに短時間で体力消耗していました。よくドラマやりつつ頑張ったね、私！　今も妊娠以前と比べたら、笑っちゃうくらいに繊細な生き物と化してるけど、少しずつ体力的なペースが上がってきました。

胎動はこの2週間で更に大きく。よ〜く見てみるとお腹がぽこって波打つのが日に1、2回分かるようになった。今までお腹の中で感じていたものが、手のひらにも伝わってくる!!　いやーん楓すけ♪　夫も喜んでおります。

食べ物もいろいろ食べられるようになってきました。妊娠前に好んで食べていたものはほとんど受けつけなくなり、子供の頃（小・中時代）好きだったものが大ブームに。つわりといえばグレープフルーツだけど、超リピートしていたのは4ヶ月くらいまで。それ以降はあんまり美味しく感じない。あんなに甘くてスッキリしておいちい！　と思ってたのに！　逆に今は苦みを強く感じます。

※安定期（あんていき）
つわりなどの症状が軽くなり、また流産の確率が減ったり妊婦の体が安定してくる時期のこと。この時期に胎盤も完成します（16週目あたり）。

※つわり時期
個人差はありますが、妊娠4〜7週目あたりではじまって12〜10週目で終わるとされています。症状は吐き気をもよおしたり、においに敏感になったりします。また嗜好の変化、眠気、頭痛といった症状があります。

しかし！　太るぞ。いよいよ、太ってきたぞ！　つわり期にはどれだけ食べても体重が落ちていたというのに、今はメキメキ増えてます。本日、遂に大台入りの50・2kg……。うーん、頑張るよう！　3時間散歩!!

昼：赤ピーマンと玉ねぎ・ハムのオムレツ、トマトのサラダ、かぼちゃのスープ、全粒粉のパン、ぶどうパン（1cmスライス）
夜：中華丼、ゴーヤチャンプル、キウイ2個、おせんべい3袋
間：ヨーグルト

つわり期
好きな食べ物

揚げ物（豚かつ、コロッケ等）、とにかくソース味。コロッケパン最高。米よりパン（超・初期）。しかも白くてフワフワしてるやつ。全粒粉とかライ麦は最悪。玄米なんてもってのほか！　シトラス系が◎。グレープフルーツ、オレンジ、りんご、すいか!!　そしてヨーグルト、フルーツ全般、マクドナルド!!　チーズバーガー＆ポテト。芋だいすき。白米、梅、おせんべい。しゅわしゅわ炭酸系

つわり期
嫌いな食べ物

体に良さげなもの。玄米、緑黄色野菜、お魚、照り焼、煮つけ最悪。甘味（洋菓子、クリーム、ババロア系最悪）。アイスクリームもシャーベットの方が好き。おひたし最悪。そばよりうどん。パンでも全粒粉とかライ麦とか茶色っぽいものは×

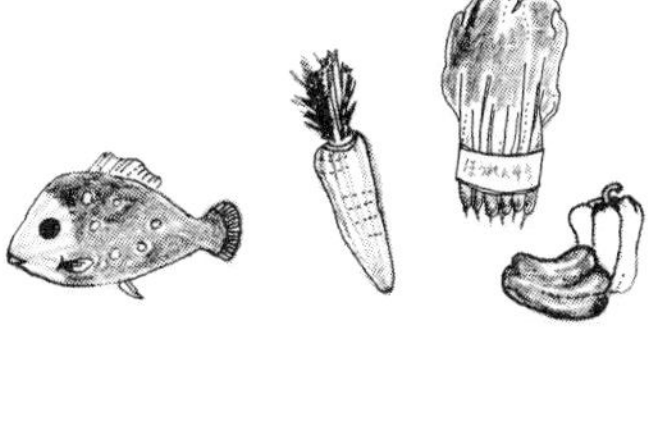

6・26 【朝／49・4kg】

新居探しでマンション内見、素敵。住みたい。夫がお休みのため、お腹の楓すけもゴキゲンさん。よく動くなー。今日は駒沢公園へ散歩。夕方からの散歩は気持ちいい。少しずつだけど、長く歩けるようになってきた。最近はとにかく頭痛！　いきなりわ〜っとがんがんしだして急におさまる。

昼：納豆パスタ、残りのゴーヤチャンプル
間：カルピスシャーベット（夫と半分こ）
夜：そうめんチャンプル、豚肉ともやしと黄ニラの蒸し物、ゴーヤ揚げ

6・27 【夜／50・4kg】

胎動が大きくなってきた。今日はお友達の陽子ちゃんのベイビーに会うため、亀戸へ。お祝いに「※マチルダ」でお花と「※タイニィ・タイト」でロンパースなどを買って行きました。

初対面の赤ちゃんは大きいけど小さい。抱っこしてると、楓すけがよく動く！　お友達だって分かってるのかしら!?　幸せオーラに包まれピカピカしとったが、※会陰切開をした陽子ちゃんの苦痛を目の当たりに。会陰切開後とい

Rie memo.
大野明子先生の『分娩台よ、さようなら』に感化され、3時間散歩を決意した私。とても良い本です。自然なお産に興味ある方にはおすすめ！

※マチルダ
代官山にある花屋さん。

※タイニィ・タイト
恵比寿にあるこども服屋さん。「LOVE&PEACE」「HAPPY&SMILE」「MUSIC」をテーマにしたセレクトで人気のお店。

うのは痛みで普通に座っていられないらしく、常にドーナツ布団を必要とする陽子ちゃん、辛そう……。

そこで「目指せ！　安産」の言葉を思い出し、3時間散歩を改めて決心！

……と言いつつ、なかなか難しいのよね。1時間程度は可能なレベルまできましたが。まぁ、11月までにね。

※会陰切開（えいんせっかい）
出産時、膣口と肛門の間（会陰）が十分に伸びていないと肛門や直腸まで裂傷をおこすことがあります。そのため必要に応じて、ハサミで会陰を切ることをいいます。

昼：全粒粉のパン、ぶどうパン（各1cmスライス）、オムレツ（アスパラ、しいたけ、玉ねぎ、豚ひき、にんじん入り）、トマト、キウイ
間：おせんべい2個、デパ地下でブルーベリジュース（ヨーグルト）、オレンジケーキ
夜：めんたいパスタ、ゴーヤチャンプル

Column

会陰切開の恐怖　～後日談～

お産に痛みはつきものだけど、なかでも「会陰切開」は猛烈に破壊力のある響きだよね……。考えただけでも震えるよね……。私は初産で、実際のところ妊娠出産のしくみ等々分からないことだらけだったから、あらゆる本を読みあさり勉強したのです。メカニズムが分かってくると不安要素も明確になってきて、やっぱりブチあたる壁が「会陰切開」。病院や先生の方針で切ることがマニュアルになってる場合もあるみたいだけど、私はいろいろ調べるにつれ「切らなくてもお産はできる！」と確信。切ったほうが後々縫いやすいとか、切らないとお尻まで裂けちゃうなんて怖い話も聞いたけど（マジですか？）、私は切るリスクのほうが大きいと思ったので

す。時間をかけてゆっくりゆっくり、赤ちゃんのペースに合わせてお産が進めば大丈夫！　それには助産師さんのサポートが重要ですが……。実際私は切らずに産みました。ちょびっと切れたけど、口の中噛んで切れちゃった！　ってくらいの感じです。縫わなくて済んだし。あと、清潔第一ですからね、そこで役立つのがウォシュレット！　産後の必需品ですぞ！

6・29 【昼／49・8kg　夜／50・4kg】

久々に母と買い物。赤ちゃん用のモノはなんであんなに可愛いのか!?　性別が分かったらいろいろと揃えよう。しかし、妊婦は不安定な生物じゃ。楓すけは可愛い。早く会いたいなぁと思うし、元気に生まれてきてほしい。自分のぷっくりしたお腹も可愛くて仕方ないっ！　……そのはずなのに「夫の可愛い人」ではいられなくなるのかしらん……と涙を流してみる。本当に悲しくなったりしちゃうのです。

昼：東急本店の『更級』でそば（卵焼き、くずきり、フルーツ付き）
間：かきの種（ワサビ味）、クッキー
夜：高輪プリンス『若竹』で天ぷら（青菜ときのこのおひたし、あわびの木の芽和え、お吸い物、えび、穴子、かぼちゃ、玉ねぎ、いんげん、れんこん、まいたけ、かき揚げ、天茶、すいか）

7・2 ［夜／50・4 kg］

今日は原宿まで歩いてみる。案外、大丈夫。強いて言えば、人混みが辛い。西郷山公園は天気が良いと本当に気持ちいいよう。楓すけが産まれたら一緒にお散歩しよな。原宿の『エンジェリーベ』※でいろいろと購入。腹帯※や腹巻き、快適!! もっと早く買えば良かったたっていうか買わなきゃ駄目だったじゃん。楓すけ、ゴメン……。

夕方はお散歩タイム。２時間弱はラクチンに歩ける。それ以上歩くと足が痛くなったり……。うーん、まだまだ！ 今日は涼しかったからいいけど、暑い日はやっぱり散歩は断念せざる得ない。そういう日は代わりに家でエアロバイクを１時間。外を歩いた方が気持ちいいけど、暑さで羊水※がゆだって楓すけも大変だ。

昼：アンチョビパン、小豆パン、ソーセージ、トマト、ヨーグルト
間：パイナップルジュース
夜：梅おろし、そうめん、ニラぎょうざ、デラウェア

※エンジェリーベ
マタニティとベビーウエア＆雑貨、内祝いギフトまで幅広く取り扱う通販会社。通販のほか、原宿などに数店舗展開。マタニティウエアにトレンドを取り入れたファッショナブルなデザインが人気。

※腹帯（はらおび）・腹巻き（はらまき）
妊娠５ヶ月目頃から着けはじめるもの。お腹の冷えを予防し、またお腹を支える役割があります。さらしタイプとガードルタイプ、腹巻きタイプなどがあります。妊娠５ヶ月目の戌の日に安産を祈願する「腹帯祈願」という慣習もあります。

※羊水（ようすい）
妊娠時に、羊膜内を満たしている液のことをいいます。胎児を保護し、分娩を楽にしてくれる役割があります。

7・7 【昼／50・4kg　夜／51・0kg】

渋谷まで歩いて夫の誕生日ケーキ買いに行ったのにな……。夫の好きなミートソース作ったのにな……。夫は急なお祝いが入って、1人ぼっち。久々に泣いてもた。

泣いたらお腹が痛くなる。楓すけの叱咤激励か!? そうだ、私はいつだって楓すけと一緒なのです。だから寂しくないんです!! っていうか、出産したら楓すけに会えるけど、離れ離れになっちゃうんだね。なんか、嬉しいけど寂しいような不思議な気持ちです。

夫が帰ってきてから、一緒にケーキを食べちゃった……お祝いだから良し。

昼：鮎御飯、目玉焼き、ソーセージ、トマト、梅干し、ヨーグルト、全粒粉パン（ピーナッツきなこ）
間：ブルーベリーヨーグルト（林フルーツのジューススタンド）、バナナ
夜：ミートソーススパゲティ、トマト、抹茶白玉の小豆和え、バナナ、みかん、ケーキ

7・9 【昼／50・6kg　夜／50・8kg】

昼間は検診で神谷さんが来てくださる。心音もバッチリ!! 丁寧に細かく診てくれるから嬉しい。病院にはない安心感。そして超リラックス! 勿論

自宅だからだけど、本来こうあるべきよね。楓すけもリラックスできるはず。身体のツボを触りつつ、足、手、耳、頭の軽いマッサージ。気持ちいいー。「温かくてふんわりしたいいお腹！」と褒めていただく。しかし、下半身の冷えは良くないので必ず靴下を！　とのこと。毎日のちょっとした心がけが、お産に影響してくるんだって。検診時間は約１時間。次回は８月頭。楽しみじゃー。

夕方から（小林）聡美さんと（市川）実日子ちゃんと３人で浅丘ルリ子さんのお芝居観劇。楓すけも楽しそうによく動いとりました。

昼：実日子ちゃんからのお土産パン
間：クッキー
夜：お好み焼、もんじゃ焼、たこ焼、あんこ巻き、アップルパイ、帰宅後スイカ

Column

自宅出産までのみちのり ～後日談～

助産師の神谷さんに初めて電話したときは、猛烈に緊張しました。まずは「もしもしこんにちは……」ってなとこからすべて箇条書きにして会話のシミュレーション。完璧だ！　と１人で悦に入り、早速電話。すると自己紹介もそこそこに「すみません、お産中なんで自宅に用件ＦＡＸください」とあっさり言われてしまう。いきなりお産中！　シミュレーションの成果は発揮できず！　がびん！　なんで、自宅出産を考えていること、そ

Column

れについての不安や希望なんかを書いて送ることに。すると、神谷さんからすぐ連絡が入り「とりあえず会ってお話しましょう！」と言われ、日記にもある6月3日に初！対面を果たしたわけです。結果から言うと、私は神谷さんに一目惚れ。この人と一緒にお産がしたい！　と心底思ってしまったのですよ、直感的に。それから自宅検診でお会いしてコミュニケーションをとるうちに、その思いはさらに確信へ！　お産はとてもプライベートなことだから、やっぱり信頼関係。神谷さんの理路整然とした話し口調と、お茶目で可愛らしい一面と……そのバランスがたまらんのです！　神谷さんに会えるなら、何人でも産みたいな～なんて思う私であります。

自宅出産の最大の魅力

- 信頼している人たちだけに囲まれてお産できるので心強い
- 自分が一番リラックスできる自宅でお産できる安心感
- 陣痛がはじまると助産師さんが来てくれるので動かなくてもいい

chapter 2

妊娠6ヶ月〜7ヶ月

2人だけのじかん

7・11【昼／50・8kg　夜／51・0kg】v

芝居観劇。遅れそうになり、すんごい走ってしまった。驚かせてごめんね、楓すけ。夜、リゾットを作るがこれは玄米のほうが美味しい。妊娠してから白米をよく食べるけど、楓すけ生まれたら、玄米に戻さなくちゃですね。白米も美味しいんだけど、甘くて。

昼：全粒粉パン、ぶどうパン、バナナ、ヨーグルト、杏仁豆腐
夜：きのこリゾット、せんべい、レアチーズアイス

7・13【昼／50・6kg　夜／51・2kg】

本日は夫が演出した舞台『鈍獣』のオリエンテーションで多摩テックへ!!
そういや夫と初遊園地。楓すけもいっしょにいろいろな乗り物に乗りました。楽しかったー。そしてバーベキュー！　またしても食べ過ぎましたが美味しかったです。明日は歩くぞっ!!

朝：ヨーグルト
昼：バーベキュー（タン塩、カルビ、サーロインステーキ、ピーマン、じゃが芋、かぼちゃ、もろこし、

Rie memo
つわりが落ち着いたこの時期は、何かにつけて外食してました……。順調に体重が増えていくよ……。

スパム、おにぎり、フランクフルト、焼きそば、ぎょうざ）、セロリスティック
夜：そうめん、フリット（エリンギ、なす、まいたけ）、薬味（トマト、しょうが、長ネギ、ミョウガ）

7・16 [夜／51・4kg]

桜沢エリカさんとランチ。食べ物の好みと腹の出っぱりを見て「男の子っぽい!!」と言われる。来月の検診では性別※が分かっちゃうかも!? いや〜ん楓すけ♡

昼：『ウェスティン』にてランチ。魚のポワレ・ラタトゥイユ添え、ミネストローネ、ドライフルーツのパン
間：揚げまんじゅう、しょうゆせんべい
夜：ゴーヤ、そうめんチャンプル、ゆで豚とゆでもやしのおろしポン酢、メロン

7・20 [夜／51・6kg]

本日は気温40℃近くまで上昇。頭が悪くなりそうな暑さ。でもお目当てのお店でランチしたいばかりに渋谷まで散歩。美味しかった！ 本当は夕方、少しでも涼しくなってからがいいんだけどお腹が張りやすくなるから、昼間

※性別（せいべつ）
経腹エコー（超音波検査）で妊娠16週（5ヶ月頃）ごろ性別の判定ができるようになります。

のほうがいいんだよね。それにしても暑い。
何だか昨日今日でお腹が大きくなったような？　と夫に言われる。ただの食べすぎ？　でもお通じもあったし……。楓すけ、成長期？

朝：プログリーンズ※
昼：『VIRON』にてバゲットサンド（卵、ハム、野菜）、オレンジジュース
間：ヨーグルト
夜：『トンマズィーノ』にて外食（イチジクと生ハム、なすとモッツァレラ、トマトのグラタン、あさり・カラスミのパスタ、牛テール、なす・トマトのパスタ、ゴマパン、フォカッチャ）、パピコ

7・28 【夜／52・4kg】

久々に玄米を炊く。美味しいぞ!!　妊娠してから、どうにも美味しく感じられなかったけど、ようやく復活ですかね。夫も本番はじまるし、1人御飯が増えるから、地味メシにしていかなくちゃ！　なるべく。

朝：プログリーンズ
昼：『田田』で、梅じゃこゴマおにぎり（油あげ・かつおぶし）、なめこみそ汁、おから、豆腐のあん、漬けもの、花豆の甘煮
間：『opatoca』のパン、レモンクリームデニッシュ
夜：玄米、切り干し大根、ひじき煮、かぼちゃと小豆の煮物、梅干し、ヨーグルト

※プログリーンズ
33種類もの酵素や、多種の栄養素を含んだ健康ドリンク。免疫力低下などの症状回復に効果があります。

７・30 ［昼／51・2kg　夜／52・2kg］

日に日に大きくなってきたお腹。すれ違う人も驚いとる（本当に妊娠してるんだ……的な）。少しずつ大きくなるっていうより、ある日突然「大きくなってる!!」って感じ。不思議じゃのう〜。７ヶ月でこれだから臨月※にはどうなっちゃうんだろ……。既に爪切りとかキツイな。

朝：プログリーンズ
昼：トマトソースパスタ
間：『ちもと』※で、宇治ミルク氷
夜：玄米、うなぎ、ひじき煮、切り干し大根、梅干し、デラウェア、プラム、パピコ

※臨月（りんげつ）
妊娠10ヶ月目、36週から39週目のことを指します。

※ちもと
東京都目黒区八雲にある老舗和菓子やさん。

８・２ ［昼／51・6kg　夜／52・2kg］

神谷さん検診。楓すけ大喜び!!　神谷さんが触れる場所場所、楓すけ蹴りまくり。病院では一度も動かなかったのにねぇ。神谷さんも沢山の妊婦さんを診てるだろうに、１人ひとりこんなに大事にしているのかな。病院の流れ作業的な検診と違って、たっぷり時間をかけて体を診る。見えない赤ちゃんも見えてるかのよう。今日は楓すけの頭の位置を確認させてもらった。現在

楓すけは左に背中を向けて足を右側に。ってことは頭は骨盤に軽くはまってるような感じ？　神谷さん誘導のもと、お腹をすくい上げるように両手を入れると、なんとなーく頭っぽいものの感触！　小さいよ〜!!　予想以上に奥の方にいる。最近は皮膚が波打つのが分かるくらいに動くからもっと皮膚に近いところにいるのかと思ってたのに。あんなにボコボコ蹴るのになぁ。楓すけすごい力じゃ!!

今日は夫も検診に立ち合う。しかし緊張してるらしく「お茶入れるね」とアタフタ。ここ２週間くらいで急に大きくなった感のある楓すけであるが、６ヶ月くらいまでは皆が口を揃えて「６ヶ月のわりに、お腹小さいねー」と言うもんだから、心配気味な夫。神谷さんにも「小さいって言われるんですけど……」と聞いてみたら、「えー、全然小さくないですよ。大きくなってきたじゃないですか！」とのこと。私も「そうなんです。ここ最近急に大きくなって」と言うと、「そうそう急に大きくなる時期なんですよ。りえさんも少しふっくらしてきたし、妊婦さんらしくなってきましたね。これだけ大きければなーんにも問題ないですよー」。神谷さんいわく、大きすぎず小さすぎず、ごくごく普通。順調だって。夫も嬉しそう。順調で何より。心音も相変わらずばっちりでした。神谷さんにお願いして良かったね（夫談）。

先月から尿※たんぱくがプラス……。ちょっぴり落ち込んでたら神谷さんが「いいじゃない。こういう結果が出れば気を付けよう！　って思うでしょ？　今は普通の体じゃないってことを改めて確認できるいい機会だと思えばいいのよ」ってさ。病院だったら、ただ「プラスだから、塩分気を付けて！」って言われ、基本データと比べて良い悪いだけの判断。これは大きなストレスです。神谷さんは今回の母子手帳にも前回同様「無理しすぎず、下半身を冷やさないように」としか書かなかった。人それぞれ生活スタイルは違うわけで。例えば、全く運動習慣もなく自分の体と向き合う意識がない人には、そりゃ神谷さんもお散歩や骨盤を開くための内股踏み※をすすめるわけだ。最初の検診で私の体を触ったときも「なにかやられてますね」ってすぐに操体をやっていることを分かったし。神谷さんみたく、思いやりをもって妊婦さんの状態を診れる人は、感じとるんだろうなぁ。多分、私の場合は体重の増え方や体の状態を見て「無理しないで、のんびりしなさい」って言葉が出てくるんだな。「〜しなくちゃ、っていう気持ちでやることは意味がないんです。それが気分転換やリラックスになるから何でもやって大丈夫」って。

　最近は普段のウォーキングみたく、わしわし歩いてゼイゼイ言ってたけど、それじゃダメなんだなぁ。体重が増えてくのも（今は＋３kgくらい）、「赤ちゃんが大きくなってるんだから当然よ！」ってさ。なんか笑っちゃう。そりゃそうだよね。楓すけ元気に成長してるんだもんね。体重が増える喜びももっ

※尿たんぱく（にょうたんぱく）
健診で、尿の中に含まれる糖とたんぱくを測ります。数値が高い場合は妊娠中毒症のおそれがありますが、塩分を控えた食事などで改善できます。

※内股踏み（うちまたふみ）
内股を踏むマッサージ。リンパの還流を良くし、むくみ、腰痛、便秘に効果があります。

とありがたく感じなくちゃだ。っていうか、今の体を大事に嬉しく感じなくちゃだね。

神谷さんの言葉をかみしめて、夕方の風が気持ち良くなってから駒沢公園へ。何時間歩かなくちゃ……じゃなくて、歩くと体が軽くなって、気分もいいし、気持ちいいから歩こう！　っていうことで。私は単純だから心がけひとつで「歩かなくちゃ……」じゃなくて「もっと歩きたい！」になるわけです。わはっ！　でもそのほうが楓すけも嬉しいよね。私が「太っちゃう……運動しなきゃ……」ってストレス感じながら生活するよりも赤ちゃんと10ヶ月一緒にいれることを喜びに、たとえ検診で良くない結果が出ても、前向きにより体を大事にすることを考えて生活するほうが赤ちゃんもママのプールの中で気持ちよく過ごせるはず。

朝：プログリーンズ
昼：納豆パスタ、キャベツサラダ
間：プルーン、宇治ミルク氷（『ちもと』）
夜：玄米、サラダ（ひじき、わかめ、トマト）、切り干し大根、焼き鳥（レバー、ねぎま）かぼちゃ小豆、桃、あげまんじゅう

Rie memo

こんなことわざわざ聞いてもいいのかぁ？　っていうちょっとした質問とかあるじゃないですか。そういう事を世間話みたいなノリで気軽にお喋りできるのも、自宅検診のいいとこですな。

8・3 ［夜／52・6kg］

今日は昼寝day。たまにあるのよね、こういう日。とにかく眠くて、寝ても寝ても眠いのさ。結局は昼ごはん食べてから夕方の4時半頃までひたすら寝ていました。よって、散歩なし。夜ごはんの買い物に駅まで出た程度。夜は久々に夫がパスタを作ってくれた。おいちい。

夫とごろんしてたら楓すけ、動く動く！「楓すけはパパが一緒だと嬉しいんだねぇ」と言うと「りえちんが嬉しいんでしょー」と夫。うむぅ。

朝：プログリーンズ
昼：玄米、目玉焼き、キャベツ、小豆かぼちゃ、梅干し、ヨーグルト
夜：ツナトマトパスタ、ひじき、わかめ、しめじ、ちりめんじゃこ、プチトマト、レタスのサラダ、桃

8・5 ［朝／52・2kg］

ここ1週間くらいどうにも眠い。昼食後はベッドへ直行。夕方まで昼寝コースじゃ。久々に渋谷から家まで歩いたけど、やっぱり昼間はキツイのう。歩いた疲れよりも暑さにやられてしまうのう。となると日中はマタニティスイム……と思うのだが、なんとなく照れくさく、申込書をもらってから1ヶ月経過。

朝：プログリーンズ
昼：『VIRON』の野菜サンド、ひじきトマトサラダ、桃、プリン
夜：玄米オムライス、ひじきトマトじゃこサラダ、プリン、アイス、ヨーグルト

8・6　【昼／51・6kg　夜／52・6kg】

引き続き眠い病。しかし、夕方散歩は実行。歩きはじめるとどうにも気持ちいい。1ヶ月連続で気温30℃を超すらしいのですが、早く日中にのんびり散歩したいものです。

楓すけキックは日に日にレベルアップ。つい、「おわっ！」って叫んでしまうよ。元気な証拠ですからね、胎動は。嬉しいです。早く夫にもお腹が波打つの見せてあげたいんだけど、「見て見て！」と注目させるとピタッと固まる楓すけ。なんでじゃの――。恥ずかしがり屋さん。

朝：プログリーンズ
昼：豚と野菜の炒め物、スープ、サラダ、白米、杏仁豆腐、桃
夜：なす・ピーマン・みょうがのみそ炒め、玄米、小豆かぼちゃ、ひじきトマトサラダ、梨、小豆アイス、チーズケーキ

8・10 ［昼／51・8kg 夜／52・6kg］

今日は夫が久々の休み。なのに調子が悪くて、そのテンションが私にもうつったのか、私も急に涙ぽろぽろ。休演日楽しみにしていたのにさ。「ちもと」で一緒に氷食べられるかな？ 仲良しでお散歩できるかな？ 公園で花火とかできるかな？ 勝手に楽しみにしていたのさ。別に仕方ないし、分かってるつもりだけど、なんかもうぜーんぶ嫌になってもた。悲しくなってもた。車の中で泣いたよ。一緒にいると悲しくなるから、買物ついでにてくてく歩く。泣きながら夕方のお散歩。なんか突然の悲しみにおそわれる今日この頃。辛いです。

朝：プログリーンズ
昼：そうめんトマト、天ぷら（さつまいも、エリンギ、なす、みょうが）
夜：ミートソーススパゲティ、サラダ（レタス、きゅうり、セロリ、黄ピーマン）、梨

8・13 【昼／51・0kg　夜／52・0kg】

どうしたのか、不安定な今日この頃……。悲しいことや怖いことばっかし考えてしまう。少しでも多く夫と一緒にいたい。残り2、3ヶ月で「2人だけ」が終わっちゃうのになぁ。夫は知ってるのだろうか？　楓すけはひとつも悪くないんだけどね。楓すけのこと、だいすきなんだけどね。「2人だけ」をもっともっといっぱいしたいです。

朝：プログリーンズ
昼：めんたいパスタ
夜：ふかし芋、とうもろこし、プルーン入りヨーグルト、梨、せんべい

8・14 【昼／51・2kg　夜／51・8kg】

楓すけ、動く動く！　オリンピックのバレーボール（ブラジル戦）を観ていたら、急にダンシング楓すけ現る！　お腹がぐにょぐにょ動いておった。楓すけも楽しくて嬉しいのね。やっぱり胎動を感じると母性が芽生えるといいますか、まだ見ぬ我が子を愛おしいなぁと。しみじみ感じてしまいますな。この感覚はずーっと覚えていたいです。

Rie memo
マタニティブルー大爆発な時期ですね。今読むと笑えるが、当時は切実だったのね私。

朝：プログリーンズ
昼：そうめんチャンプル（ゴーヤ、スパム、長ネギ、青ネギ）、梨
間：夫と今年初の『ちもと』デート♪　宇治ミルク小豆氷、おいちい……
夜：冷やしトマト、きゅうり、ふかし芋、プルーン入りヨーグルト、梨

8・15 ［夜／52・0kg］

（小林）聡美さんと（市川）実日子ちんで『鈍獣』観劇。その後、乃木坂の『WEST』でお茶。ラストは夫たちが集う渋谷へ。久々に夜更かし。そして、深夜に飲み食い。楽しく過ごせたし、ここ何日か気をつけてたし、まぁ良しとしよう。明日から温泉！　楽しみじゃ〜。

朝：プログリーンズ
昼：へぎそば、とろろごはん、つけもの
夜：（六本木『Moti』で）バターチキンカレー、ほうれんそうのチーズカレー、ナン、バターライス、サモサ、ラッシー、（乃木坂『WEST』で）チョコレートケーキ、ハーブティー、（渋谷で）小魚、チャンプル、かぼいもサラダ、かま焼き

8・16 ［夜／51・6kg］

今日から2泊、夫と湯河原※の『石葉』へ。たまたまキャンセルが出た離れのお部屋に移動。ベッドルーム付きなので、いつでもゴロゴロできて妊婦には有難い。お部屋で軽くお茶とお菓子を頂いて（くずの中に美味しいこしあん入り）、明るいうちに露天風呂へ。楓すけと初めての温泉じゃ〜。神谷さんも言ってたけど、下半身がじっくり温まっていい感じ。マサミさんに聞いた「スクワット80回」を少しずつチャレンジ。でも一昨日初めてやったら腰というか骨盤の辺りがピキーンとなり、嫌な具合。

取りあえず今回は2人で楓すけが生まれる前にのんびりしようってのが目的なのでお部屋でのんびりしたり……。心なしか、夫のお顔がほんわか優しく見えますな。

夫と私がリラックスしとると、楓すけも嬉しいね。お食事も素朴で美味しい。お風呂も気持ちいい。今夜はゆっくり眠れそうじゃ。

※湯河原の『石葉』（せきよう）神奈川県湯河原にある旅館。客室9室。

昼：『崎陽軒』のシュウマイ（夫と半分こ）
間：『石葉』にてチェックイン後、くずだんごと明日葉茶
夜：プラムの食前酒、先付、えび、ししとう、小芋の揚げびだし、ゆばとれんこん、お寿司、お魚の卵巣、ヒラメ、車えびのお造り、あわびのステーキ、すずきの子ども（うーん忘れた）の焼きもの、おかひじきのおひたし、もずくのゼリー寄せ、麦ごはん、とろろ、赤だし、水なすときゅうり、水菓子、マスカット、キウイ、いよかん、夏みかんゼリー

8・17 【昼／51・8kg】

本日、あいにくの雨。朝風呂に入って美味しい朝御飯。９時からにしてもらったのに、普段から寝坊すけな２人は起きるの大変じゃ。食後はいきなりベッドへ直行。爆睡。部屋移動の時間になってもウトウト。

午後は頑張って起き、近所の万葉公園へ。歩いて出かけてみたものの、アップダウンが激しくて息が上がる。妊婦にはちと辛い坂道……。帰りは雨に降られて、仕方なく雨やどり。心優しいおばちゃんが「お腹にさわるよー」と傘をくれる。有難いなぁ。超！ってほどの坂道じゃけど、張り切っていざ『石葉』!! 今思えば、ほんの15分～20分の距離なのにもうキツイ。２人分ってすごいことなんだぁ～。無事に宿に着いて、おやつを頂く。『石葉』はお菓子も旨い。きびもちも懐かしくて可愛い味。汗びっしょりだったので温泉へ。チェックインの時間帯直後なので、お風呂は貸し切り状態。自宅とはまったく違うリラックス感、そしてじーんわり温まる。来て良かったのう。

夕方からは予約しとったアロマ・マッサージを夫と２人並んで受ける。16時から90分コース。しかし、そろそろ終わりかなぁって頃に、ものすごい雷が落ちる。ばちんって音と共に停電。結果的に４時間近く、ろうそくで過ごす。勿論、夕食もろうそくの明かりで……。美味しい御飯じゃったが、ちと残念。せっかく最後の夜なのにー。大ハプニングの忘れられない旅行になりました。

一緒にいるだけで嬉しくて。夫と一緒にいられるだけで嬉しくて。楓すけがお腹の中にいる、限られた貴重な時間に夫と2人だけでいる。ほーんとに嬉しいです。帰りたくないなぁ……。2人だけのこんな旅行はもう最後だもん。楓すけに会えるのは嬉しいし、本当に楽しみじゃけど、すこーし寂しいのです。複雑なママさんであります。

朝：冷ややっこ、温泉卵、おから、揚げだし芋団子のあんかけ、わかめと芋茎のみそ汁、しらすおろし、美味しい御飯、白桃、紅茶
昼：明日葉茶、きびもち
間：車えびとえだ豆の南蛮漬け、たこの梅ソースがけ、万願寺とうがらしといちぢくのゴマソース、鮎とにがうり、空豆のスープ、アジのお造り、アワビ、ふっことしいたけと冬瓜の吸物、穴子の洗い、わかめ（ポン酢、もみじおろしで）、伊豆牛のステーキ、みょうが、煮物、れんこんとしょうがの御飯、じゅんさいの赤だし、きゅうり・なすのからし漬け、梨、巨峰のワインゼリー、温泉まんじゅう

Column

「自宅出産」への周囲の声

自宅出産に対して、あっさり「いいんじゃない？」と言ったのは夫だけでした。彼は「結局りえちゃんが産むんだし、りえちゃんが一番いい！　って思えるやり方が一番いいと思う」とのこと。立ち会いに関しても最初はビビってたけど（当然だ）、神谷さんにいろいろお話聞いたり、※大葉ナナコさんのカップル講座を受けたりして、最終的には立ち会うのはとても自然なことなんだ～と思うようになったようです。これに関しては無理強いした

※大葉ナナコ（おおばななこ）さん
出産界のカリスマと呼ばれるバースコーディネーターで5児の母。バースコーディネーターとは、新しい命に向き合う〝妊娠前、妊娠中、産後〟の時期に、女性やカップルの心とカラダと暮らしをサポートするプロ。QOL（人生の質）の向上に役立つ情報を提供してくれる。両親学級の講師や研究、テレビ番組の出産シーン監修などで活躍中。お問い合わせは有限会社バースセンス研究所 http://www.birth-sense.com

くなかったし、でも一緒にいてくれると心強いなぁと思ってたので嬉しかった。問題は私の両親で。最後まで心配そうだったけど、私の断固たる意思に負け（笑）、最終的には応援してくれました。みなさん、産み場所には悩むと思うけど、やっぱり自分のお産なんだから、とことん悩んで後悔のない状態でお産を迎えてくださーい!!

Column

自宅検診と病院検診

もちろん、できることとできないことの差はあれけど、やることはほとんど同じ。尿検査なんか病院だと大げさに感じるけど、自宅だとリトマス試験紙みたいなのに直接尿をかけて色の反応をチェックするだけ。簡単じゃん！　それから寝転がって血圧を計ってもらったり、心音を聞いたり。私はとにかく心音聞くのが楽しみで楽しみでねぇ。携帯用の心音を聞く機械、真面目に買おうか悩んだくらい（買えるのか!?）。それから神谷さんに頭や手足のマッサージをして頂く。これが至福の時間。最後に触診。お腹の上から触って、赤ちゃんの頭の位置なんかを教えてくれる。1時間くらいかけて、のんびりお話したりお茶したり。毎回楽しみな自宅検診でありました。ただ、超音波などは病院じゃないと見れないので、定期的に病院検診に行ってチェックしてもらいます。ちなみに自宅出産の際、サポートの病院選びはなかなか難しいところ。現実的に自宅出産をよく思わない先生もたくさんいらっしゃるから。こればっかりはそれぞれの価値観だから何が正しいとは言えないけどね。私は結局、神谷さんにご紹介して頂いた広尾の日本赤十字医療センターにサポートしてもらいました。日赤は日本で一番助産師さんが多いんだって！

Rie memo.

いやぁ、ホントにいいよ〜自宅検診。毎週やりたかったもん私。自宅出産は、否応無しに自分の体を信じるしかなくなるから、適度の緊張感があって良いですよ！

chapter

3

妊娠7ヶ月～8ヶ月

幸福なにんぷライフ

8・20 【昼／51・6kg　夜／52・6kg】

今夜は久々に夫が家御飯だったので、まともに料理しました……。1人の時は、ふかし芋とかばっか食べていたからね。戦時中の子供みたいなもんばっか食べてたなぁ。
何の心配もなく、夫がお家にいるって良いですなぁ。精神的にとても良いです。最近はどうにも涙もろく。すぐ泣いちゃうよ。夫が「りえちんの体はほわほわの卵焼きみたいだねぇ」って。「優しい体だね」って。とても嬉しい気持ちになりました。そして、お腹が張りやすくなってきた。よーしよしよしってお腹なでなでしながら散歩しとります。スクワットによる筋肉痛は乗り越えました。何事も続けることが大事ですな。

朝：プログリーンズ
昼：ヨーグルト、実日子クッキー、キウイ
夜：冷やし中華（ゴマだれ、トマト、きゅうり、みょうが、もやし、ささみ）、キムチぎょうざ

8・22 【昼／51・2kg　夜／51・8kg】

楓すけは8ヶ月に入り、さらに激しく動く。夫も「今までとは違う！　な

Rie memo.
なんであんなに泣いてたのか!?　些細な出来事で涙腺が爆発。おそるべし、マタニティブルー。

んか生き物が入ってる！」と驚いていたが、その通り楓すけは1秒ごとに成長しているのです。お腹がぶるんって波打つのも楽しくて本当に嬉しい。しかし、照れ屋な楓すけは注目されるとピタッと動きが止まる。とくに夫がじ〜っと見てるときは確実に固まりますね。が、今日は夫もビックリの胎動があり「ねえ、どんな感じ？　どんな感じなの？」と興味シンシン。それにしても、1人は嫌だ。最悪なことしか思い浮かばん。私が切に想っていること、夫は知っているのだろうか。知らないだろうな。

朝：プログリーンズ
昼：ふかし芋、みかん
間：ロールケーキ
夜：うな重、きも吸い、漬け物、梨

8・23 【昼／51・2kg　夜／52・0kg】

夕方から天気が崩れそうだったので、夫とお昼を半分こしてから散歩へ。平日なのに加え、あやしい天気のためか、ガラガラの駒沢公園。今日は肌寒いくらいですな。帰り道、（市川）実日子ちゃんを発見。可愛らしい丸ケーキを買う彼女。う〜〜ん、可愛らしいのう。ヨダレを流しつつも帰宅。おやつに夫ととうもろこし食べる。F&F※のとうもろこし、甘くてとっても美味しい。レンジでチンするのが簡単でよろしいかと。夜は夫と近所の中華屋へ。楽しい。あと嬉しい。明日からは旅公演のために大阪へ行ってしまう……。どうしよう、本当に淋しい。

オリンピック女子レスリング観戦中、夫、波打つ楓すけを目撃！　相当、驚いておりました。そして嬉しそう。

朝：プログリーンズ
昼：干しぶどう入りヨーグルト、みかん（夫と半分こ）
間：とうもろこし（夫と半分こ）
夜：(中華)春巻、ぎょうざ、スブタ、豆腐とカニのうま煮、ゆでどり・しょうがネギのそば、まっちゃアイス

8・24　【昼／51・4kg　夜／51・6kg】

15時から日赤にて検診。今日から夫は大阪なので、1人で、いや楓すけと2人ぼっちで病院。ちと不安。前回の先生は産休なので、今回から新しい先生。雰囲気が神谷さんとよく似ている。物言いがハッキリしてるから、恐いなあと思う妊婦さんもいそうだけど、きちんとていねいで必要なことだけをちゃんと伝えてくれるので、私は好き。やっぱり大事な体を診てもらうわけ

※F&F
有機野菜、惣菜などヘルシーな食材を多数取り揃えてる東京近郊にある自然食品のお店。

だし、信頼できる人がいいよねえ。その点、私は神谷さんと出会えてラッキーでした。妊婦、出産ってかなりプライベートなことだし、取り返しつかないことだし、自分でやれることは納得いくまでチャレンジして、満足のできる結果を出したいもんね。

先生に「何か気をつけることありますか？」と聞いたら「神谷さんにも言われてると思うけど、ちゃんと自分の体を感じること。五感を信じること」だって。鉄分も基準値より、ほんの少々少ないくらいで、薬を出される程じゃなかった。良かった……。心音もバッチリ。むくみも無し。あ、あと尿たんぱくもマイナス!! やった！

いちばん嬉しかったのは、超音波で見る楓すけの映像……。初めて顔の雰囲気が分かる。目は閉じてたけど、キョロキョロしとる。おでこやほっぺた……可愛いぞ!! ほっぺがぷくたんで本当に可愛い。もう本当に可愛い。親バカかしら？「性別はもう分かるんですか？」と聞いたら、「うーん、足に隠れてハッキリは分からないけど、今は見えてないから女の子かなあ。隠れてるだけかもしれないけど、この時期は男の子だったらすぐ分かるから。今のところは女の子」。もちろん女の子って決まったわけじゃないし、男の子でも全然嬉しいんだけど、なんとなーく「女の子かも？」と聞くと、ちょっとその気になってしまう。うひゃ！ それにしても今日は検診中よく動いてたなぁ。新しい先生のこと、気に入ったのかい？ 楓すけ？ 体重は約

Rie memo.

たまに行く病院での検診は、エコー写真が楽しみでした。それだけは自宅検診じゃできないから。日赤でも私は良い先生に恵まれて、いやぁ感謝してます。

1500g。週数からいってても、ごくごく普通、順調らしい。何よりじゃね。

帰り道、夫から電話。「性別わかったの?」と気になるご様子。「あー、でも言わないで!!」と知りたいような知りたくないようなって感じらしい。これぱっかは楓すけしか知らんもんね!。それにしても、小さいくせして立派じゃのう。心臓もちゃんと4つのお部屋に分かれとるし、何より健康に一生懸命動いてるのが泣かせる。胃も脾臓も肺も、ぼうこうも小さいながらもすべて生きてる証。立派に「ヒト」としての機能をフルに使ってる。すごいなぁ。私、こんなの育ててきたんだね。よく頑張ってるのう。楓すけ、ありがとー。

朝:プログリーンズ
昼:干しぶどう入りヨーグルト
間:『ちもと』で宇治ミルク小豆
夜:ふかし芋、ポテトチップス、梨、焼きまんじゅう

8・26 【昼/51・4kg　夜/52・2kg】

※サロン・ド・メリッサに行ったら「痩せました?」「食べてます?」と聞かれる。今は2時間歩いてるもんね!　腹は更にぷくたんだけど、それ以外は「痩せた感じがする」とのこと。スクワットと腕立ても効果あり?　あんなにキツ

※サロン・ド・メリッサ
恵比寿にある完全予約制のサロン。

かったスクワットも今じゃ楽しかったりして。妊婦前より運動量も増えてる。明日から大阪なのでウォーキングは無理かな。なるべく出歩いてカロリー消費じゃ!!

朝：プログリーンズ
昼：『天悠』で母とランチ。チンジャオロース、春巻、スープ、御飯（ほたてチリ、バンバンジー）、
杏仁豆腐
夜：ふかし芋、ドライフルーツヨーグルト、梨、せんべい

8・27 【昼／51・6kg　夜／52・0kg】

『鈍獣』大阪公演に合わせて、私と楓すけもいざ関西！ こんな日でも朝起きてお散歩。駒沢公園は緑も多くてスキ。こういう環境なら1、2時間歩き続けることもあまり苦じゃないけど、街中は非常に疲れる。息苦しくなったり貧血っぽくなったり。デリケートな楓すけなのである。

夜は4回目の観劇。何だかんだいって面白かった。夫とはたったの2日ぶりなのに、ちょっと照れ臭い。でもすごーくすごーく嬉しい。来て良かった。「やっぱり大きいなぁ」とお腹を見て驚く夫。8ヶ月に入り、また成長期※に入った感じの楓すけ。今までの可愛いキックに加え、最近は助骨や脇腹の辺りに、かな

※成長期（せいちょうき）
妊娠8ヶ月目は胎児は、ほぼ骨格ができあがり、筋肉や神経系の形成をはじめます。そのため、より活発に手足を動かせるようになり、胎動を激しく感じます。

りキョーレツなキック。すげーな、楓すけ！

朝：プログリーンズ
昼：F&Fのお弁当（玄米、豆腐ハンバーグ、長芋、オクラ、こんにゃくサラダ、ひじきの煮物、いんげん、人参の和え物、ほうれん草、コーンのソテー、プチトマト、わかめときゅうりの酢の物、とりのゴマサラダ）、くるみ団子
夜：大阪で韓国料理（ホルモン鍋、チヂミ、レバ刺し、サラダ、ごまの葉キムチ、白米）

8・28【昼／51・5kg　夜／51・5kg】

夫とお昼を食べ、りえは地図片手にお散歩へ。ホテルのコンシェルジュおすすめ『イーマ』へ行ってみる。妊婦にゃ到底無理な華奢《きゃしゃ》なスタイルにばっか心奪われる。うーむ。いろいろと迷いつつ、店を後に。何を考えたか、ヨドバシカメラでゲームボーイアドバンスを購入。マリオ万歳!!　夜は『大和（だいわ）』で鉄ぱん焼き。終演後なので夜の10時過ぎまで空腹と戦う。

朝：プログリーンズ
昼：鴨なんばんそば
夜：「大和」イカのマヨおろし、もつ煮、もつポン、牛すじこんにゃく、チーズ&モダン焼き、野菜炒め、とろろチーズ、カレースープ、焼きそば

※イーマ
大阪の梅田にあるセレクトショップやレストラン、カフェなどが入った複合ビル。

Rie memo.
大阪旅行は1人で新幹線乗ったり、1人で観光したり……いや！　楓すけと一緒に！　気楽で楽しかったな～

8・29 ［昼／52・0kg］

夜御飯にそなえ、昼は2人で軽めに。そしたら散歩途中空腹でふらふらに。妊婦に極度の腹ペコは禁モツ……、忘れておった。急いでスムージー（しかもプルーン入り）を一気飲み。なんとか復活。しかし、今日はあまり調子の良い日じゃなかったのかも。座ってると平気じゃが。立ちっぱや、少しの時間歩いただけで軽く気持ち悪い……。なんでじゃー？　でも、夜は楽しみにしていた串揚げ。食欲はバッチリ。コースの20本、ぺろり。追加の3本も軽くぺろり。店員さんも驚いておった。苦手な辛子れんこんをのぞいて、あとは出てくるものぜーんぶ美味しかった。いや～ホント美味しかった。パン好きなりえは、さつま芋丸ごと入ったパンに首ったけ。売ってたら買いたいくらいじゃ。

妊婦になってから久しぶりにアルコール摂取。白ワインをグラス半分くらい飲む。楓すけゴメンよ。酔っぱらっちゃったか？　結果ほぼボトル1本分のワインを飲んだ夫は、当然酔っぱらい。勢いに乗り夫おすすめの焼き鳥屋へ向かうが休み。いろいろ途方にくれた挙げ句、うどん屋さんへ。あれだけ食べたのに「シメだ！」と張り切って、おいしい関西うどんを食べる。自分でもビックリ、軽くぺろりしてしまう……おそろしい食欲。ホテルの体重計に乗っても52kg止まり。

明日の東京戻りに落ち込んでると、神の声……。「じゃ、泊まってきなよ」と。パパさーーん!!　というわけで、31日に夫と一緒に帰ります♪

Rie memo.

現実的には、とにかく夫の仕事に便乗して大阪の旨いもん食べまくるぞ！　っていう意図がありましてね……わは！　結果、大満足です！

昼：プログリーンズ
夜：イカ焼き、桃（パパしゃんと半分こ）、ヨーグルト、パッションティー、バナナ、ヨーグルト
間：ヨーグルトプルーンスムージー
夜：『六覺燈』で串揚げ!!　マスタードグリーン（すんごい辛い葉っぱ）、ごぼう、きゃべつ、トマト、生もろこし、えび、牛煮こみ、貝柱、えんどう豆のコロッケ、白身と青じそ、とびっこ乗せ、川えび、からしれんこん、川魚、生サラダ、えびとししとう、鮭（あられ、マヨネーズ）、しいたけのえび詰め、なす、チーズ、ぎんなん、かぼちゃ、なんこつ、山芋、こんにゃく、たこ、オランダ豆と牛肉、きすと三つ葉、自家製パン3種（すんごいおいしい！　特にさつま芋パン）、ナッツの焼き菓子にいちぢくのアイス、マンゴーアイス、ジャスミンティー、『こまいち』できざみうどん

8・30

【昼／51・5kg　夜／52・0kg】

今日は、夫とデート。嬉しい。楓すけものすごい動き。ぐわんぐわん動いてる。痛くはないけど、かなり効く……。立派です、楓すけ。夫は大阪公演が終わったのも束の間、すぐ広島→福岡→神戸だからなぁ……。帰ってきてからもずっと忙しそうだし、今回は甘えて大阪まで来て良かったです。楓すけ誕生予定日まで、あと2ヶ月ちょっと。街ですれちがう赤ちゃんを見ると、本当に嬉しくなる。もうすぐ私もあんなふうに抱っこするんだぁ。このぷくたんお腹から楓すけ出てくるんだー。超音波に写るあの可愛い楓すけに会えるんだなぁ。今の不安はちゃんと元気に元気に五体満足で生まれてくるか、ってだけです。

大阪では、夫と一緒にいられるのが嬉しくて、ただただ嬉しくて、夫のことばっ

かし考えてもた。淋しい気持ちになったかな、楓すけ？　ごめんね。東京へ帰ったら、また2人でお散歩しよな。

　可愛い楓すけが私のお腹の中にいる。にんぷライフはとてつもない幸せです。こんなに素敵な幸せは初めてです。ありがとう、楓すけ。

昼：心斎橋の『北極星』にて、オムハヤシ
間：ピーチティー
夜：『まい泉』のカツサンド、鮭おにぎり、りんご、アロエヨーグルト

8・31【夜／51・8kg】

　東京へ戻り。残念じゃあ……。もっともっと一緒にいたかったなぁ。夫と一緒にいられることの嬉しさといったら!!　あー幸せ。私が幸せでいることに勝る、胎教※はないだろな。そして今日は鍼灸※デビュー。体がポカポカして気持ちいい。楓すけはどうじゃった？

　それにしても、食いだおれの4泊でしたが、体重が増えてない!!　昼間はホテルの周りを歩いたり、1人の時間はスクワット等、できる限りのことはしたけど、2時間散歩がなくても大丈夫だとは。ってことは、普段の「あちゃー……」ってやつはすべて「間食」によるものなんだな……。明後日から夫は地方じゃ

※胎教（たいきょう）
お母さんがリラックスして赤ちゃんに心地良い環境をつくってあげること。音楽を聴いたり、散歩をしたりして精神安定、ストレスを溜めないように努めること。お母さんの気持ちがお腹の中にいる赤ちゃんにも伝わります。

※鍼灸（しんきゅう）
妊娠出産は想像以上に体力がいること。お産前の鍼灸は妊娠中毒症の改善やつわりの軽減などに効果があり、産後は肩こりなどに効果があります。

し、１人でも甘えないように頑張らねば。だって、来週は神谷さんの検診もあるし！　残り２ヶ月ちょっと、楓すけがんばろな。

朝：プログリーンズ
昼：さぬきぶっかけうどん
間：とうもろこし（夫と半分こ）
夜：ミートソーススパゲッティー、キャベツサラダ、小豆氷、プルーン２つ

Column

つわりもいろいろ

つわりの状態もホント人それぞれ。９ヶ月までゲロゲロだった友達もいたり、全く不快感を感じなかったという友達もいたり。ちなみに私は空腹になると気持ち悪くなる「食べづわり」と呼ばれるタイプでした。つわりは英語で「モーニングシック」というくらいだから、朝の起き抜けが一番辛くて。私は妊娠３ヶ月〜６ヶ月くらいまでこの状態が続きました。とにかくジャンクなものが食べたくて、初期はコロッケパン命。それと炭酸。定番のご飯が炊ける匂いはやっぱり苦手で、冷めたご飯かパン。ドラマの撮影中に出る脂っこいガテン系なロケ弁は大ヒット！　２箱とかぺろっと食べてた。今考えると有り得ない！　それと食べる量がまた難しく、食べ過ぎても逆に気持ち悪くなったりして。つわり期は、妊娠してることを誰にも言えなかったから、なんか食べることで気持ちを満たしていたのかなぁ。

Rie memo.
大阪旅行は、残り少ない夫との２人さりの時間を新鮮に過ごせた意味でも、やっぱり行って良かったです。

Column

マタニティブルー

私は基本的にロマンチストですし、どちらかと言えば後ろ向きで、ネチネチぐちゃぐちゃした性格なんですよ。ところが、妊娠したら想像以上に「にんぷ」な生活が面白くて、後ろなんか向いてる場合じゃない！　とばかりに人脈を広げ、色々な場所へ出掛け、それは身内もビックリなテンションでして。このままケラケラ笑ってお産を迎えられんじゃない？　と余裕だったのですが…、というか、基本的には余裕だったのです。待ちに待った妊娠で、経過も順調だし、楽しいことだらけじゃないか！　と常に思ってるんだけど、突如瞬間的に襲ってくる、いやぁ〜な気持ちに襲われると最後。もう誰にも止められない悲劇のヒロイン祭り。ボロボロ泣き、馬鹿みたいに弱音を吐き、それはもう醜態でした。すげーなマタニティブルーって。産後の今、日記を読み返すと、おえー！　気持ち悪いー!!　って部分が沢山あるのですが（主に夫に対しての気持ちなど……）、まぁこれも、その瞬間の私にとっては切実で本物だから、あえてそのまま掲載しております。しかし、妊娠ってすごいんですね。私の中で、別の誰かが育っている。そりゃ、私の気持ちもあれこれ複雑にもなるわな。っていうか色々あるよね。人生色々、妊婦も色々だ！

9・2 ［夜／51・6kg］

今日から夫は広島。さみしい。せめて母と御飯と思ってたのに駄目じゃった。

さみしい。明日は伊島さんと会ってから打ち合わせ＆舞台観劇。がんばろー。それにしても楽しい楓すけダンス。今日は手かな？ 足かな？ などと考えるのも楽しい。楓すけが元気にしているのを見ると、嬉しくなるし、私も元気になる。生まれてきたら、この感覚ともサヨナラかぁ……。ちと淋しいね。

朝：プログリーンズ
昼：とうもろこし、プルーン入りヨーグルト、梨
間：モナカアイス
夜：きのこリゾット、トマト、梨、いちごシャーベット

9・4 【夜／51・6 kg】

今日はすごい雨と雷。1人じゃ、こんな夜は少し怖い。肋骨をがっつんがっつんキックする楓すけをちょっぴりたくましく思い、眠ります…。ママさんのプールはもう狭いのか!? まだ2ヶ月もあるぞーーー!!

朝：プログリーンズ、バナナヨーグルト
昼：さつまいもとりんごのオーブン焼き、梨、ココナッツアイス
夜：友達と三茶にて、油揚げと昆布の煮物、レバ刺し、豆苗と豆腐のチャンプル、牛もつのみそ煮込み、あんきものおろしポン酢、トマトとアンチョビのチーズグラタン、ガーリックトースト、グレープフルーツジュース、『モス』にてアップルパイ、ウーロン茶

９・６ 【昼／51・0kg 夜／51・8kg】

最近の立ちくらみはすべて貧血によるものでした……。３ヶ月前の検診であの※ヘモグロビン数値じゃ今はもっと少ないはずとのこと。「人混みでふらふらするのはそのせいですか？」と聞くと、「間違いないですね」と神谷さん。ただでさえ貧血気味なのだから、当然らしい。お腹を触診しながら、「あなたも栄養もらうの大変よねえ」と話しかける。楓すけ「そうなのよー」と言わんばかりに、神谷さんが手を当てる場所をけりまくり。うむぅ。

今、私が動けるのは〝気力〟だけだと神谷さんは言う。この時期に体重がこれしか増えず、ヘモグロビン値も基準値より少なければ、そりゃ疲れやすいし貧血にならないほうがおかしいとのこと。すべて〝お産〟に結びついていくのだ。お産に出血はつきもので、ただでさえ貧血気味な体から更に出血するのは大変な消耗。産後も〝貧血のおっぱい〟をあげることになるし、母体の回復にも影響するらしい……。こりゃ、※鉄剤とらんと！　神谷さんいわく、鉄分がちゃんと摂取できてれば驚くほどに体が楽になるらしい。楓すけのためにも、もちろん私のためにも〝鉄〟!!　２週間後に自宅検診。その２週間後は病院。さらに２週間後には産まれてきても大丈夫らしい。なんだか信じられない……。

昼：プログリーンズ、ヨーグルト（バナナとプルーン入り）
夜：広島風お好み焼き、マロンケーキ、プリングルス、おせんべい

※ヘモグロビン数値
鉄を含んだたんぱく質のこと。とくに赤ちゃんの成長に重要な栄養素です。そのためこの数値が低いと貧血からくるたちくらみなどの原因になります。

※鉄剤
母体のたんぱく質は胎児の成長のために使われ､必要なたんぱく質が失われがちです。鉄分を含んだたんぱく質である鉄ヘモグロビンが不足すると貧血が起こりやすくなります。

Rie memo.
鉄分を精力的に摂取すると、本当に驚くくらい体が楽になります！　普段から貧血気味な方は是非！　女性には必要だわよ〜。

chapter 4

妊娠 8 ヶ月〜 9 ヶ月

キョーハク観念よ、さらば！

9・7　【夜／52・2kg】

この日記を読み返してみると、7月から体重がほとんど変わっていない……。楓すけは大きくなっとるのに。増えすぎることに比べたら全然いいけど、ちょっぴし不安になる。

しかしそりゃそうか、今まで昼も1人だし、ほんっとにめんどうになっちゃってねぇ。「それは貧血のせいです」と神谷さんは言うが。で、「プルーンジュース」とかいうの注文しちゃった。

今日も歩き疲れて、買物中のコンビニでふらーっとしちゃったもんで。栄養とらんとなぁ……。今さらですが。

朝：プログリーンズ
昼：ヨーグルト（バナナとプルーン入り）
間：りんご、梨、トッポ
夜：きのこリゾット、トマト、えびせん、チョコレート、梨

9・8　【昼／51・2kg　夜／52・0kg】

楓すけ、しゃっくりの巻。ぴくん、ぴくん、ぴくん……って可愛く動いて

Rie memo.
体重増えない……って当たり前だよ！
駄目な食生活だ……

おりました。昨夜は台風の影響か、ものすんごい風と雨でね。楓すけと2人ぽっちだから、ちと恐い。

今年は異常なくらいの猛暑、そして連続的にやってくる台風。なんじゃろなぁ……。天災ばっかりは防ぎようないしね。楓すけには、そういう辛さは味わってほしくないです。やっぱり我が子には幸せになってほしい。私よりもずっとずっと幸せになってほしい。普通でいいから、平凡でいいから健康で元気でいてほしいね。

朝：プログリーンズ
昼：ふかし芋、ヨーグルト（バナナとプルーン入り）、みかんゼリー
夜：コロッケカレー、トマト、マロンケーキ、せんべい、アイス

9・10【夜／51・6kg】

楓すけ成長期!? なんか急に大きくなったかんじ……。すごいなぁ。残り2ヶ月弱で倍くらいの大きさになるんだもんね。がんばれ楓すけ!! ママさんも鉄飲むよ!!

パンを夜バカバカ食べたらどうにもこうにも気持ち悪く、仕方なく吐く。楓すけが胃を圧迫しとるのか、すぐお腹いっぱいになってしまうこの頃（わ

りに沢山食べてるけど……）。でも吐きたくなるのは久々で、吐いたらすんごい楽になった。

朝：プログリーンズ、プルーンジュース
昼：明太マヨ納豆巻き、冷やし中華（母と半分）
間：（実日子ちゃんと『ちもと』）宇治ミルク小豆、草だんご
夜：ソーセージパン、ポンデケージョ、バナナヨーグルト、せんべい、人形焼き

9・11【夜／52・4kg】

最近、ここ何日かで楓すけが大きくなったと思ったら、同時にすごーく疲れやすくなった。体が重いというか（当然だけど）今日散歩に行った時も、笑っちゃうくらいにゆっくりしか進めない自分に驚いた。これまで急な体重増加もなかったし、動く努力はしてきたから、自分のことを過信していたんだなぁ。

9ヶ月に入って今更だけど、あー私妊娠してるんだぁ……と改めて実感。夜もあまり眠れない、寝つきも悪い。寝がえりをうつ度に目を覚まさなきゃいけないし、トイレも近いから、朝起きて「あーよく寝た！」って感覚がない。楓すけが生まれてからの授乳生活に向けての予行練習ってとこでしょう

か。今日は同時多発テロの番組を沢山やっていて、何だか恐いことや悲しいことばかり考えてしまう。こんな風に泣いても仕方ないし、意味もないのに。となりで「大丈夫だよ」って言ってくれる夫が早く帰ってきますように。妊婦1人の不安な夜は、もう嫌です。眠っちゃえば忘れられるから楽なのに、眠れない。

朝：プログリーンズ、焼きうどん（母と半分）
昼：コロッケサンド、クリームチーズデニッシュ
間：プルーンジュース
夜：ソーセージパン、ハムチーズパン、ポンデケージョ、さつま芋パン、バナナヨーグルト

Column

マックが食べたくなったら男の子説・浮上！

妊娠中マクドナルドにハマったら男の子が生まれる！これは私の身近で囁かれていた説だ。現に男の子を出産した桜沢エリカさんや小日向しえちゃんもマックにハマったという。私がマックのチーズバーガーとポテトにハマってると言ったら「絶対に男の子だよ！」と言われたのですよ。最初は半信半疑だったけど、マック以外にもコロッケパンにはじまり、部活帰りの男子学生みたいなもんばかし食べたくて、こりゃあながち嘘ではないかも……と思っていたら本当に男の子が生まれました。まぁ偶然と言われればそれまでだけど。真相はいかに!?

9・12 【昼／51・6kg　夜／52・4kg】

夫、千秋楽。やっとこです。明日の夜は久々に家族3人勢揃い。嬉しい。楓すけ、ものすごい動き方。うにゃ〜っとのびをしている姿が目に浮かぶ。ダンシング楓すけ♪　披露してあげてな。

朝：プログリーンズ
昼：ポンデケージョ、りんごヨーグルト
間：ビタミンジュース
夜：豆腐ハンバーグ、玄米、ほうれん草とベーコンの炒めもの、山芋とこんにゃくとひじき煮、コロッケ、里芋と鶏肉の煮物、ショコラパン、イチゴアイス、モカアイス

9・13 【夜／52・6kg】

夫よ、おかえり!!　泣き虫ママはやはり泣く。楓すけにも笑われただろうか?　しかし昼間の散歩はキツかったなぁ。睡眠不足?　それとも9ヶ月にも入れば当然なのかしら?　8ヶ月に比べると、すぐ息切れるし、少し動いただけで心臓ばくばく。妊婦ライフ2ヶ月をきって、やっとこ妊婦の大変さを実感するママさんなのでした。

朝：プログリーンズ、さつま芋むしパン
昼：明太子、玄米、ミックスゼリー
夜：ハンバーグカレー、トマト、ぶどう

9・14 [夜／54・0kg]

夕方のんびり散歩。張り切ると息切れして倒れそうになるのでてーくてーくのんびり歩く。鉄剤を飲みはじめ、とりあえず「戦時中のごはん」から、「エネルギーになるもの」を食べるようにしたら、少し元気になってきた。そりゃ、ヨーグルトとフルーツだけで2時間も散歩したらふらふらするよねぇ。すまん、楓すけ。

朝：プログリーンズ
昼：カルツォーネ、ツナ・ハム・卵のサンドウィッチ、コロッケ、クリームデニッシュ、豆乳ココアドーナツ
夜：明太子イカパスタ、サラダ、エスプレッソアイス

9・15 【夜／52・6kg】

8ヶ月くらいまでは比較的ラクに1時間半ほどで歩けてた距離が、9ヶ月に入り、2時間かかるように。日常的な動作も少し気をゆるすと心臓バクバク。夜に調子のって食べすぎると吐き気。とにかく横になって、足にマクラ挟んで、だら〜ってしてるのが一番ラクチン。

朝：プログリーンズ
昼：カルツォーネ、コーンパン、クリームチーズデニッシュ、豆乳ドーナツ、ココアドーナツ、りんご
夜：カレーライス、トマト、アイス

Column

マタニティウェア

可愛いデザインがいっぱいでなかなか侮れないマタニティウェア！　実は妊娠前から憧れのブランドがありまして♪　残念なことに今は路面店もなくなってしまったんだけど、フランスのFORMES※(フォルム)というメーカー。シンプルだけど、おフランスなカラフルな色使いで、着心地も良し。妊娠中じゃなくても着たいくらい。あとは通販もやってるAngel-iebe※(エンジェリーベ)。ここのデニムは小日向しえちゃんにすすめられて購入。腹巻きとデニムが合体したようになってて、お腹から下は普通のデニム。産後も着れるかなぁ？　なんて思って買ったものもあるんだけど、やっぱり腰回りやお尻が微妙……。にんぷちゃんの体型は特別なんですね〜。

※FORMES(フォルム)
フランスのマタニティウエアブランド。

※Angel-iebe(エンジェリーベ)
マタニティとベビーウエア＆雑貨、内祝いギフトまで幅広く取り扱う通販会社。路面店もあり。マタニティウエアにトレンドを取り入れたファッショナブルなデザインが人気。

FORMES

FORMES

FORMES

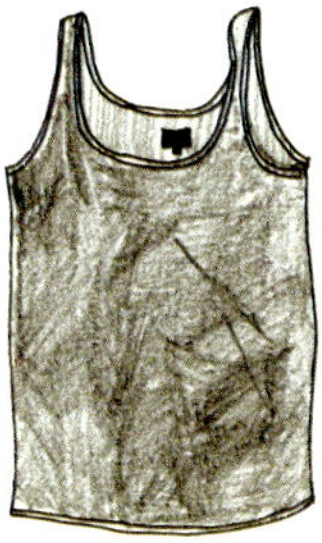

FORMES

FORMES

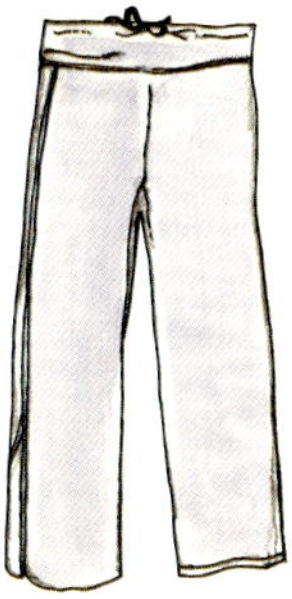

FORMES

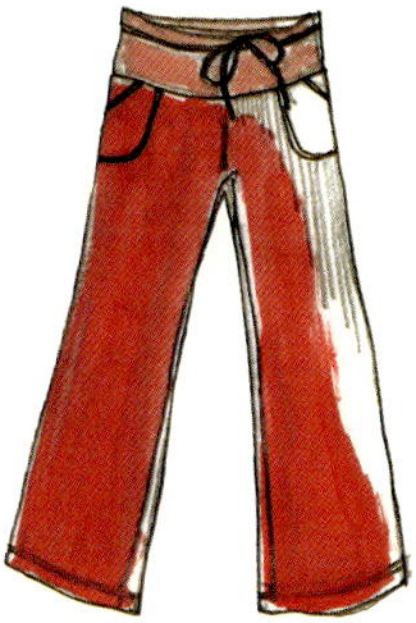

FORMES

Angeliebe

Angeliebe

9・16 【夜／52・2kg】

またしても夜吐く。2日連続じゃ。あーこりゃ吐くなぁ、と思いつつも食べてしまう……。吐くとすっきり。友達も8ヶ月の頃「夜ごはんの後に吐いちゃって、体重減った」なんて言ってたな。お米も軽めによそったのになぁ。昼間はいっぱい食べれるけど、夜は要（！）注意ですなぁ。っていうか、そろそろリラックスしてのんびり過ごせよ！　っていう楓すけからのアドバイスでしょうかね。不安はポイして、楓すけと一心同体で過ごせる残りの時間を大切にしよう。愛しい体であることを忘れていた。ただ「安産したい‼」という気持ちだけで、「いっぱい歩かなくちゃ……」とか、「太っちゃダメだ……」っていうキョーハク観念にとらわれまくりでしたが、一番大事なことを忘れておったね。リラックスして、この奇跡みたいな体を思いやって過ごすこと……。

そして今日お風呂場にて、「来月の22日前後に出てこーい！」と楓すけにお願いをした。楽しくていろいろとお願いしまくったが、最終的には楓すけが好きなタイミングで出てこいな。

昼：プログリーンズ
夜：ライ麦パンのカツサンド、コーンパン、豆乳プレーン・ココアドーナツ、梨
間：さんまの塩焼き、大根おろし、小松菜のゴマ和え、小松菜揚げ、玉ねぎのみそ汁、トマトと卵の炒め、こんにゃくピーマン煮、冷やっこ（みょうが、かつおぶし）、明太子、梨

Rie memo.
この頃は胃が圧迫されてるような感じで、食べすぎると吐かずにはいられない状態でした。分かっていつつ食べちゃう、悪循環。

9・19 ［朝／52・2kg］

トマト味、大人気！（桜沢）エリカさんが2人目の女の子妊娠しとった時はトマトソースのパスタとイチゴのドリンクヨーグルトにハマったと言っていた。「ギャルっぽいもんばっかだから、女の子だなーっと思ってた」とのこと。もしや、楓すけも？
　それにしても夜はあんまり食べれない。いや、夜に限らず昼間も……。書き出すとたくさん食べてそうじゃが、実際はそれぞれ少しずつって感じ。楓すけが下がってきて胃がスッキリ。2日ぶりの散歩。き、きつい……。

昼：プログリーンズ
間：ポンデケージョ、デニッシュ、さつま芋パン、りんごヨーグルト
夜：チキンとトマトの煮込み、トマト、デラウェア、ラムレーズンアイス

Column

母子手帳

　妊娠して、とても楽しみだったのが母子手帳※をもらうことだった。私はとにかく記録好きなのだが、妊娠した人しかもらえない手帳だなんて！　そんな特別な手帳にあれこれ記録できるなんて！　素晴らしいわっ‼　それはもう張り切って区役所に出向いたのです（実際は公に発表前だったから、私は入り口でこっそり待機して夫がもらってきてくれた）。いやーん、

Column

憧れの母子手帳だわ〜と手に取ると……なんじゃこれ？　えっこれ？　なんなの、このダサい手帳は⁉　まぁ区によって色々タイプはあるらしいけど、それにしても衝撃的ですよ。あまりにダサすぎて笑ったよ私。ちょっとさぁ、少子化！　少子化！　とか言うならこういうとこから変えていこうよ。しかも薄くてペラペラで、私のなんか夫がビニールカバーかけてもらうの忘れてきたから、既に妊娠中から折れたりシミができたりしてボロボロさ……（まぁ私が乱雑に扱うからなんだけど）。なのにこれ子供が6才になるまでの成長を記録するんだよ？　ありえない！　もうちょっとさー、思いやってくれよ、にんぷを‼　ウキウキさせておくれ！

9・20

神谷さん検診日。普通に立ってる時はそれなりに立派な私のお腹。しかし横になってみるとあら不思議、案外小さい。※子宮底長も8月末から変わっていない。神谷さんいわく「もう少し大きくなってほしいですねぇ」とのこと。来月5日の日赤検診の結果で改めて考えるとしても、万が一予定日よりもだいぶ早いお産になってしまうと、日赤でのお産になってしまうらしい。大きすぎる赤ちゃんも困るが、小さすぎも困る。ママしゃん、吐いてる場合じゃない‼　効率良く栄養をとらねば、楓すけに栄養が届かないね。2kgくらい

※子宮底長（しきゅうていちょう）
恥骨結合から子宮底までの長さのこと。おなか全体がかなり大きくなる妊娠7ヶ月頃になると、子宮底長も約24〜27cmとても長くなります。

item

※『母子手帳』
母子健康手帳の略。妊産婦や乳幼児が医師などに健康診査や保健指導を受けたとき、指導上必要な事項が記入されます。

しか体重増えてなかったのに（もとが小さくてふくよかだったため）産まれた赤ちゃんが３７００gだった例もあるように、赤ちゃんはお母さんの状態と関係なく勝手に栄養もってくわけだから、必要以上に「食べなきゃ!!」ってストレスを感じなくても大丈夫だけどね。

今日はホメオパシー※のレメディ※を頂く。私が食べたものが正しく栄養になるように、あと楓すけに大きくなってもらえるように……そんなレメディを２種。私の体の機能が正しく動くように!! そんな力をくれるのがホメオパシー。そして、うにゃ〜……っとしていた不安な気持ちも取りあえず伝えてみる。２人目、３人目ってなってくると、あれこれ余計なことを考えるヒマもなくなるけど、１人目だし初めての経験だから不安になったりする今の状態は当然らしい。ただ「りえさんはもともと真面目そうだし、適当に!!ってできなそうなタイプだからなぁ……」と神谷さん。安産のために歩かなきゃ! とか思わないで大丈夫って。自分の好きなものを見たり聞いたり……。もちろん歩いたりするのは大事だけれど、一番いいのはバランス良く生活することらしい。だらーっと休むことも大事にしなくちゃ。ゆっくり休んで、赤ちゃんに栄養をあげてください、とのこと。神谷さんも「こんなことばかり言うとプレッシャーに感じちゃうかもしれないけど……」と苦笑。

私も軽くショックだったけど、でも友達の祥子に相談したら「ウォーキング頑張ってるママに、来たる出産に向け〝ママ、体力温存よ!〟って言って

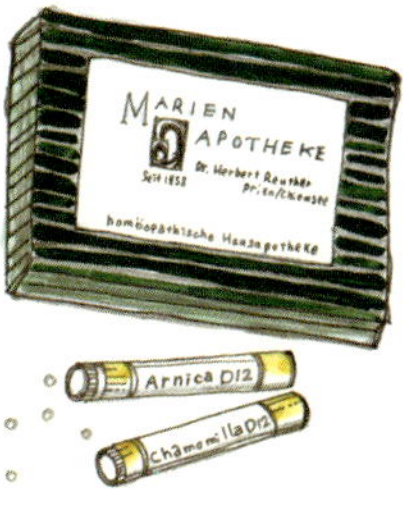

※ホメオパシー
ホメオは「似たもの」、パシーは「病気」という意味で、「同種療法」「類似療法」と訳されます。その内容をごく簡単にいえば「似たものが似たものを癒す」という原理により、心身に入り込んだ病的エネルギーを押し出し「病気を終わらせる」療法です。そして生命（いのち）のレベルを高め、私達をより幸せに導いてくれる癒しの業のことをいいます。

※レメディ
ホメオパシーで使う治療薬。さまざまな物質をギリギリまで希釈して作る。角砂糖の粒に染み込ませ舌下で溶かして飲むのが一般的。

くれてるんだよ」って。そうだね、残りの妊婦ライフを楓すけとのんびり過ごしなさいってことなのかな。もしかしたら、最近よく吐いてたし、楓すけが私に危険信号を出してくれたのかも。別に逆子だったり、中毒症だったり……っていう問題があるわけでもないし、ゆとりを持って楽しい毎日を過ごそうね、楓すけ。

帰るコールをくれた夫、「りえちん、何かあった？」と心配声。普通に話してたつもりだったのに、やっぱりこういうのは伝わるのかな？　理由を話すと、「帰ったら楓すけといっぱい話すよ!!」って。にゃは！

昼：プログリーンズ
間：チキンのトマト煮、バターロール、トマト、ラムレーズンジュース、Feジュース
夜：ロールキャベツ、玄米きのこリゾット、トマト・モッツァレラサラダ、みかん

Column

ホメオパシー・デビュー

なんだそりゃ？　っていう方も多いでしょうな。詳しくはP71の欄外参照ですが、ホメオパシーとは自然治癒力を引き出すものです。さまざまな物質を希釈して、小さな小さな砂糖玉にしみこませたものをレメディというのですが、これを使って治療します。ちっこくて、金平糖みたいな味。これを舌下で溶かして飲むのです。副作用もないので乳幼児や妊婦もOK。ただ恐ろしいくらい種類もあるし、勉強しだすとキリがないのです

Rie memo.
体の重さに耐えられず、もーうフラフラな時期。今思えばもっと体重増やすべきだったなぁ。

よね……。私は妊娠中に神谷さんから出して頂いたのがきっかけで使いはじめました。現在はドイツ・マリエン薬局で購入しております（通販）。てか話しだすとキリがないので、興味がある方は調べてみてくださいませ!!

9・22 【朝／52・2kg】

勇気を出してバースコーディネーター・大葉ナナコさんにアポを取る。ドキドキしつつ電話をしてみると、「まぁ！　ともさかりえさん！　この度はおめでとうございます！」とパワフルな声が。初めてなのにずっと知ってるみたいな不思議な感じ。お話してるとついつい笑顔になっちゃう。電話越しからも、そんな元気パワーを送ってくれる。不思議な人じゃ〜。ちなみに楓すけの予定日11月3日は「いいお産の日」なんだとか！　すごい、そんな日があったとは……。大葉さんは「11月3日!!　いいお産の日じゃない！　もう絶対いい子が産まれるよー」だって。彼女の言葉は、なんか嘘とかお世辞の匂いがまったくしないので驚く。今日初めて出会った私のお産を本当に心から喜んでくれてる。嬉しくなって、夜はお菓子食べすぎた。っていうかレメディ効いてるのか？　それとも私の気持ちの問題なのか、食べて気持ち悪くなる感じはなくなった。

お風呂中、鼻血！　そういや昼も軽く出た。夫に「りえちん、鼻血出てるよ」と冷静に言われる。超！　熱血マンガみたく流れとった。なに!?　病気!?　とビビるが妊娠中には多い症状らしい。一安心。

朝：プログリーンズ、明太子ごはん、巨峰
昼：チーズリゾット、アロエヨーグルト
夜：ミネストローネ、ストロベリーアイス、ポテトチップス、みかん

Column

屈辱的！　デカパンツ

実物でお見せしたい、マタニティ用の下着。妊娠後期用のパンツなんか、もう驚くほどデカい。ブラだって「え？　メロン？」ってなくらいの大きさで、どうにもこうにもオバサンくさい。生意気にも私は学生時代から下着が大好きで、特に布の面積が狭い下着が大好きで、それはそれは大人っぽい下着ばかり好んでつけておりました。お恥ずかしながら。国産の下着は有り得ない！　とばかりに、妊娠初期は手持ちの下着で間に合わせていたのですが、5～6ヶ月にもなると大してお腹が出てなくても、ちょっとしたゴムの部分が気持ち悪い……。仕方なくデパートのマタニティ用品売り場へ。試着してみると、ちょっとあなた！　あまりの快適さにビックリよ！　そもそもヘソまですっぽり隠れるパンツをはいたのが何年ぶり!?　すんごい安心感なんですけど！　そういうのが赤ちゃんにも伝わるのか、それ以降ぐんぐんデカくなっていったお腹……。ブラは結局普通のスポー

Rie memo.

世の中には色々な職業があるね。バースコーディネーターの大葉さんは、ドラマのお産シーンなんかも監修したりしてます。普通にお教室もひらいてるから、興味あるかたは是非！　とっても元気になれます！

ツブラみたいなもののほうが私はラクチンで、マタニティ用の下着はショーツ関係のみそろえました。いやぁ、ラクチンですよ〜。

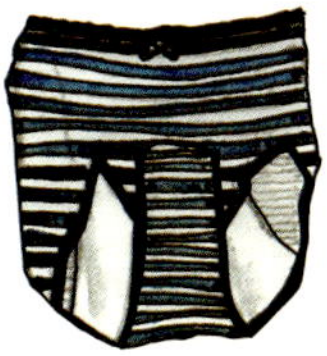

Angeliebe
前がマジックテープに
なっている産褥ショーツ。
前開きだと診察時などに便利

Angeliebe
授乳用ブラは
カシュクールタイプになっていて
おっぱいの出し入れ可能！

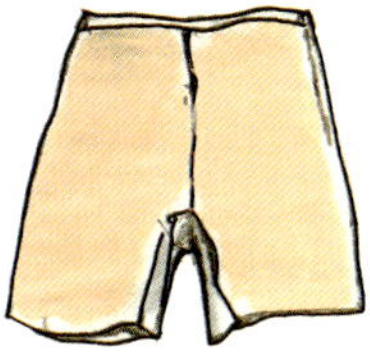

Angeliebe
かさばらない薄手の
ガードルはお腹がある程度
大きくなったときに使用

Angeliebe
お腹を冷やすのはもってのほか！
すっぽり包まれると安心

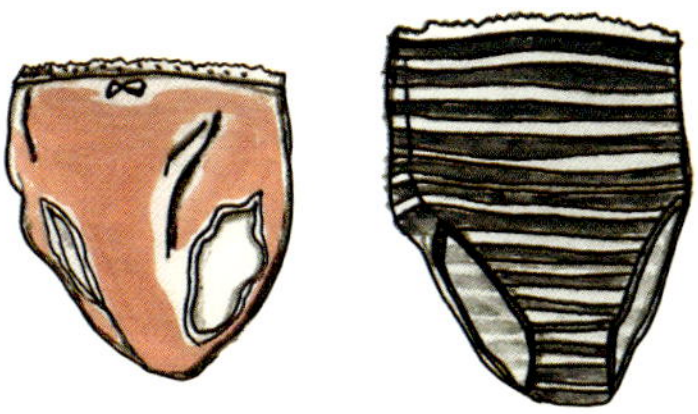

Wacoal
心地良しの役立ちデカパンは
前期用と後期用とで大きさも
だいぶ違う

9・24 【夜／52・2kg】

友人の月ちゃんとバレエ。楓すけもくるくるおどっておったねえ。可愛い♡ ※上野水香さんにバッタリお会いして、ミーハー心丸出しのママしゃんははしゃぐ中学生をかきわけて、握手して頂く……。感激!! しかし今日はのどが痛い。

朝：プログリーンズ
昼：白米、明太子、みそ汁、巨峰
夕：そば粉のクレープ（ハム・チーズ、クリームチーズ・アプリコット）、フェンネルのお茶、グラニテ
夜：巨峰

※上野水香さん
東京バレエ団所属のバレエダンサー。

9・27 【昼／51・8kg　夜／52・6kg】

バースコーディネーターの大葉ナナコさんと初対面。ナナコさんの明るく元気なキャラクターのおかげで、人見知りな私も無理なく楽しい。御飯を残さず食べるところも◎（ママしゃんは無理禁モツ時期なのでライスを軽く残す。初めて会う人と2人っきりの御飯のわりにはよく食べれた）。ゆったりランチの後は、お教室に場所を移して個人講座。楓すけが受精してからこんなにも健気に成長してきたなんて……。誰に教えられるわけでもなく

自分の力で成長してるのね。おっぱい吸う練習したりさぁ、もう可愛すぎるー。10ヶ月という短期間のうちにこれだけの変化をとげて生まれてくるんでしょ？

つわり期の頃、内臓がつくられたり、吐き気、頭痛、眠気、食べ物の好みの変化、マタニティブルー……どれもこれも当然のことのような気がしてきた。っていうか、細かいことを気にして不安になったり自分を否定するつもりもないけれど、ちっこい楓すけが頑張ってることを思えば全部ふっとぶ。お産ビデオを何本か見て、やっぱし大変そう……とも思ったけど、赤ちゃんと出会えた瞬間のお母さんの顔見ちゃうと〝大変〟を乗り越える必要性をすごく感じた。だって赤ちゃんも健気に母体を気づかって、首を引いたり、頭の骨を重ね合わせたり、向きを変えてみたり、回転してみたり……って、狭い産道※の中を頑張って抜けてくるんでしょ？　私も頑張らなにゃー。まぁ、もちろん痛いのとかイヤですけどね。でも妊娠できたんだから、産む力も備わってるってことだ!!　残り少ないにんぷっぷライフ、体の声をよく聞いて、健やかに過ごそう。よろしく、楓すけ!!

昼：プログリーンズ
間：ナナコさんとランチ　サラダ、鶏つくね、パスタ、ポテトサラダ、ライス、コーンスープ、紅茶
夜：鶏のトマト煮込み、パン、巨峰

※産道（さんどう）
分娩の際に、胎児が通過する経路のこと。

mammaともさか

Making 2 ninpuchan

にんぷちゃんができるまで

数年ぶりに大きなお腹になりました。そんな表紙撮影ウラの小話です。

ただ普通に写真を撮るのもつまんないので「にんぷちゃん」に変身して撮影することに。風船を洋服の下にいれてみる。位置やら大きさやら、どんなだったっけ？　案外忘れてる。しかしなんか可愛いよね、ぽっこりお腹。ついお腹の上に手を置いたり、なでくりまわしたり……いいね！　にんぷちゃん！　また 妊娠したくなってしまった。イラストレーターの天明幸子さんのイラストも楽しみだなぁ。可愛い表紙になりますように。

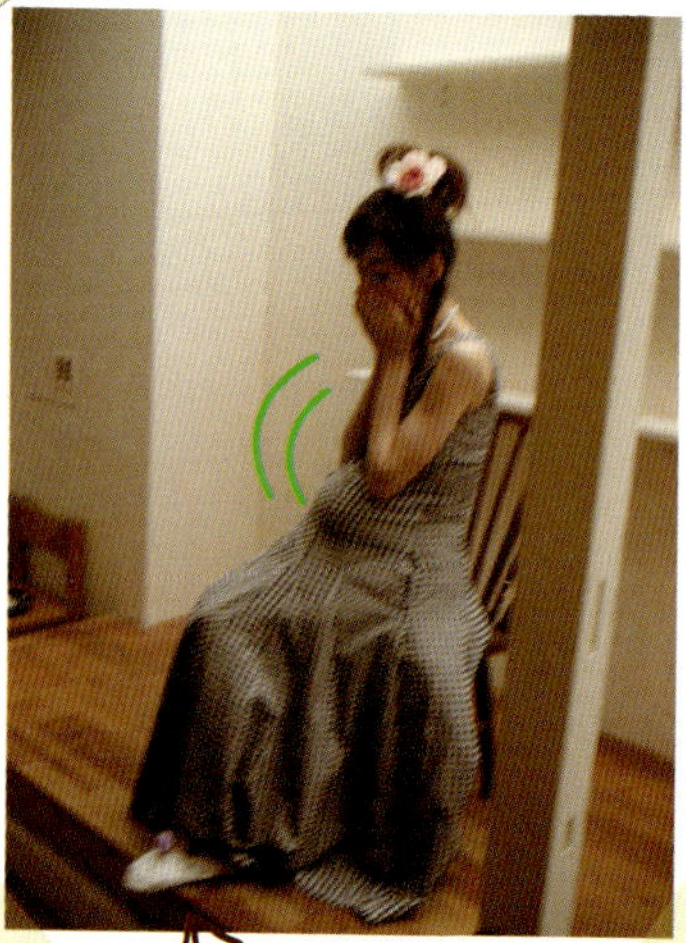

表紙撮影中！

かわいいハンコもありました

「にんぷちゃん」の撮影は恵比寿のリムアートで行われました。洋書やアンティーク家具が並ぶ店内。こども用のいすがどうにもこうにも可愛くてたまらん！　楓すけにぴったりのサイズだし、また買い物欲が！

2006 5.24

メイク
お直し中☆

苦労した
ぽっこりお腹

表紙撮影スケジュール

07:00	集合
	衣装セレクト
07:30	メイク開始
08:20	移動（公園）
08:30	グラビアページ撮影開始
09:15	移動
09:30	表紙撮影開始（リムアート）
11:15	撮影終了！

ドタバタと進行していった撮影。
何より楓すけがぐずりながらも
よくがんばりました。

撮撮で履いた
ルームシューズ

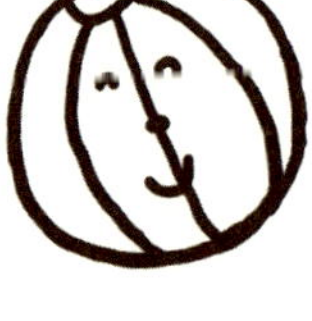

chapter
5

妊娠 9 ヶ月 〜 10 ヶ月

以心伝心

9・28 【夜／52・8kg】

久々に駒沢公園へ。涼しいというか、肌寒いくらいの陽気です。あれだけ暑かったのが嘘みたいに、秋の気配。お散歩も気持ちいい。御飯も食べれて調子が良いです。なのに、夫が帰宅後、お盆に乗せたカレーを私がひっくり返して一気に落ち込む。普段から自分でやった失敗に異常に悲しくなるってことはよく起こるが、妊娠して更にパワーアップ!!　「どしたー？」と言いつつ、テレビに夢中なままの夫にも悲しくなる。「美味しい！　美味しい！」と食べる姿を見て少しずつ復活。そうだ、楓すけが生まれたらこんなの日常茶飯事だ！　いちいち悲しんでもいられない。さて、明日は久々にお仕事。※さっちゃん絵本のナレーション録音。ドキドキ。

朝：プログリーンズ
昼：チキンのトマト煮リゾット、アイス、クッキー
夜：ドライカレー（なす、トマト、ピーマン、大豆、レーズン）、プリン、アイス

9・29 【夜／52・4kg】

久々のお仕事は、とても良い気分転換になりました。さっちゃんと一緒っ

Rie memo.
29日はこの本の表紙のイラストも書いてくれた、天明幸子さんの絵本につけるナレーションの仕事でした。大好きな「ヨーヨとレス」!!

※さっちゃん（天明幸子さん）広告、出版、キャラクターデザインなどを中心に活動するイラストレーター。ママ友達としてプライベートでも交流が深い。

てのもポイントだったけど、大好きな作品を自分でナレーションできて!! 楓すけにも伝わるのか、楽しそうにポコポコしとったのう。夜、夫が「初めて動いてる楓すけを触ったときは恐かったよ……エイリアンみたいって思ったもん」と告白。でも今は「すっごい可愛い」そうです。

朝：プログリーンズ
昼：ブリトー（ハムチーズ）、コーンポタージュ、チーズ蒸しパン
夜：カレー、マカロニサラダ、巨峰

9・30 ［夜／52・6kg］

夜中、2、3時間おきにトイレや寝返りで起きる。楓すけとの授乳タイムに備えての予行練習なのか？ そう思うとちょっと楽しい。あーよく寝た！ って満足感はまったくないけど、自然とそういうサイクルに変化している自分の体が可愛いなぁと思う。よくできとる！ それにしてもお腹がよく張る。昨夜は寝ててもパンパンに張っていて、今にも産まれちゃうんじゃないか（!?）と少しドキドキした。「楓すけー、もうちっと入っとれー」と必死にお願い。

今日は久々に夫がお休み。単純な私はそれだけで心も体もリラックス。と、

なると昼寝コースですね。今夜はＹＵＫＩちゃんのライブも控えとるし、体力温存。気づくととなりで夫もスヤスヤ。

　夜のライブは楽しかった。電車の旅も楽しかった。２人それぞれが相手に対しての「好き」を忘れずにいれば、こんなにも幸福！　「好き」で結婚したんだから当たり前なんだけど、当たり前の事は案外あとまわしにしちゃったり、残念なことに忘れたりしちゃうから。

朝：プログリーンズ
昼：ドライカレー、巨峰
夜：恵比寿でイタリアン、ムール貝のワイン蒸し、エリンギ、なすのモッツァレラ焼きトマトソース、白イカとカラスミのパスタ、グレープフルーツのプリン、ヌガー入りアイスクリーム

BOOK

妊娠・出産の考え方や手法は数知れず……！　人それぞれだからこそ、いろいろな人の様々な考え方やパターンがあることを知っておくことが大切。

『分娩台よ、さようなら』
大野明子（メディカ出版）

お産を自分でプロデュースするために必要な知恵と、大野明子さんの体験談が丁寧に書かれています。妊婦さんにとって、「あたりまえに産む、あたりまえに育てる」ことの意味を教えてくれます。

『誕生前後の生活』
野口晴哉（全生社）

産後1ヶ月は立ち上がっても座っても歩いてもいけない!?　それくらい骨盤が正しく戻るのには時間がかかるそうです。下の世話もしてもらいなさいって書いてありましたが、そんなの無理だよ〜！

『お産！このいのちの神秘』
吉村正（春秋社）

2万例近いお産に立ち合ってきた吉村医師が辿りついたのは、産婦が薪割りや土鍋でご飯を炊いたりして過ごす「お産の家」。自然と触れ合うことで女性は浄化されると。タイトルはどうかと思いますが…。

『笑う出産』
まついなつき（情報センター出版局）

小難しい出産本が多い中、自らの出産体験記を分かりやすく、そして楽しくマンガで綴っています。「こんな出産もあるのねー」とまついさんの出産に対する楽しい心意気にとても癒されました。

『赤ちゃんのいる暮らし』
毛利子来（筑摩書房）

赤ちゃんは赤ちゃんの個性で育てるべきであって、こうしなくてはならない！というものではないのだと教えられました。もう目から鱗！　マタニティー・ブルー絶頂期に泣きながら読んでました。

『シアーズ博士夫妻のベビーブック』
『シアーズ博士夫妻のマタニティ・ブック』
共著／ドクターウイリアム・シアーズ、マーサ・シアーズ
監修／榊原洋一　訳／岩井満理（主婦の友社）

表紙のイラストを天明幸子さんが描いています。洋書なので解釈の仕方は違ったりするけど、日本人のお産への重い考え方とは違い、とても前向きなので新鮮な気持ちで読めます。

10・1 【夜／52・6kg】

夕方からのんびり散歩。10月に入ったというのに日中は28℃近くまで気温が上がる。風は秋の気配じゃが、歩いてるとうっすら汗ばむ。来週からぐっと気温が下がるらしい。風邪に注意！ そういや、ノドが痛かったのは、夫の帰りを待っていてそのままソファーでうたた寝しちゃうのを止めたら治った。気付けばもうすぐ9ヶ月も終わりですからね。

36週目から臨月だってよ！ もしかしたら今月中には楓すけ産まれたりして。いや〜ん♡ その瞬間がリアルに迫ってくればくるほど、実感がなくなる。楽しみだけどね。でもやっぱり恐いし。ふ・し・ぎー。

朝：プログリーンズ
昼：ハイジコロッケパン、ミルクソフト、クルミパン、アロエヨーグルト、チョコアイス
夜：マカロニグラタン、トマトサラダ、さつま芋とりんごの蒸し煮、パン

10・3 【夜／53・2kg】

いい感じで体重が増えてきた。「りえちん、ブースカみたい」と夫に言われる。見た目にもお腹が大きくなった感じ。5日の検診が楽しみ。楓すけは

前回よりどれくらい成長したのかしら？

８月24日は１５００ｇだったな……。

気付けば、楓すけ予定日まで１ヶ月。明日からカウントダウン。すごいなぁ、とうとうここまできちゃいました。近づいてくるほど、実感が遠のくなー。

ここ最近、お産の夢をよく見るのだが目が覚めると、やっぱり恐い。足がつって起きちゃうことも多いけど、「足がつるのもかなーり痛いのに、陣痛は一体どんなもんなんだ!?」って考えたり……。とりあえず、呼吸しないと楓すけに酸素が届かないから、足つって息が止まっても意識して呼吸するようにしている。痛いとホントに息止まるもん。体が固まるというか。

お産のときに痛みや緊張で呼吸が止まったり、早すぎたりすると、子宮もやわらかくならんし、お産も進まないという。子宮から楓すけにも伝わるんだね。以心伝心。

朝：プログリーンズ
昼：母とランチ。ポルチーニとソーセージのピッツァ、きのこマリネ、小エビのフリット、イカのレモン漬け
夜：うなぎ丼、白あえ、サラダ、きも吸、巨峰

10・4 ［夜／53・0kg］

今日はナナコさんの紹介で骨盤ケア※に行く。産後ケアのお母さんが赤ちゃん連れで来ていた。一緒の赤ちゃん……。可愛いなぁ。ケア前後に楓すけの心音を聞く。お腹をじーっと見つめる赤ちゃん。楓すけがわかるのか？　心音は良好。でも助産師さんに「小さめだね」と言われる。不安になるが、「小さめに産んで大きく育てればいいよー。大きいとお産も大変だし！」と明るく言われてちょっと安心。久々に頭を触らせてもらう。うん、やっぱし小さい。でもこれが楓すけ。ママしゃんは信じるだけさ。

明日は日赤で検診。NST※をするらしい。問題がなければ晴れて自宅出産への最終的なGOサインを頂ける。神谷さんも気にしていた、楓すけの成長具合が一番のポイントでしょうか。でも明日は夫もお休みになって一緒に来てくれるらしいし、心強いね。

楓すけ、ママさんとパパさんがついてるからね。心配しなくて大丈夫だよ。ゆったりのんびり、楓すけのペースでいいからね。信じておるさー。

朝：プログリーンズ
昼：チーズパン、クリームチーズくるみパン、アップルパイ、チーズささみ
夜：野菜かつ、生春巻き、さつま芋・かぼちゃ・栗のサラダ、イカマリネ、エビマヨ、3色いなり（それぞれ少しずつ）、たい焼き、今川焼き（クリーム）、みかん

※骨盤ケア（こつばんけあ）
妊娠中から産後の腰痛・恥骨の痛みは骨盤が歪んでいる場合が多く、ゆがみの程度によっては、ときにはお産をさまたげたり、冷え性、乳腺がつまりやすくなる原因となります。体操したり、骨盤ベルトを使いゆがみを矯正します。

※NST
分娩監視装置を使った検査のこと。赤ちゃんの状態と、お腹の張りを見ます。

Rie memo.
妊娠中に街を歩いてて赤ちゃん連れの方とすれ違うと、じろじろじろじろ観察してた私。

10・5 【日赤／52・6kg 朝／53・2kg】

日赤で検診。NSTを採る。モニターをつけたとたんに、楓すけ眠る。動いてくれないと困るのに、20分くらい爆睡。助産師さんに無理矢理起こされて、突如復活。ちっこいくせして、本当によく動く、元気な楓すけ。まだ陣痛の波は小さい。検診では血液検査の結果も異常なし。特に大きな問題もなく良好とのこと。

楓すけは約2200g。子宮底長も20cmから28cmに。やはり小さめらしいが、正常な範囲らしい。「頭もまだ下がりきってないし、まだ出てくる感じはないし、予定日までに2500gくらいまで育ってくれれば大丈夫でしょう！」とのこと。

超音波でいろいろと説明してくれる先生の話を嬉しそうに聞いてた夫は、「りえの体を気遣って、小さめなんじゃない？　残りのラストスパートできっと頑張るよ！」とのこと。私があんまり重い重いにならんよう、楓すけゆっくり大きくなってくれてるのか？　もう〜！　ママさん思いねー。

報告がてら神谷さんに電話。きちんと成長していたこと、大きな問題もないことに「あー、何よりです」と嬉しそう。「温かいものを食べて、大事にしてください」と。とりあえず、来週15日くらいに来てくれるそう。夜は焼き肉。どうにもこうにも肉気分。美味しくて、夫が驚くくらいにぺろり。吐いたりしてた時期はなんだったのか？　食べたそばから楓すけに吸い取られるみたいにどんどん食べれる。

朝：プログリーンズ
昼：『夢呆』で山かけそば
夜：『トラジ』ネギはらみ、レバ刺し、たこキムチ、チヂミ、ホルモン、ユッケジャンうどん、きなこアイス

10・6　【夜／52・8kg】

楓すけとお散歩へ。のんびり駒沢公園を3周。キンモクセイがいい香りじゃあ。昨日の大雨が嘘みたく、秋晴れ。歩いていると軽く汗ばむくらい。それにしても今日から10ヶ月目突入！　楓すけと会える日が本当に近くまで来ているのだ。

骨盤ケア先で助産師さんに「産み場所がまだ浮かんでこないってことは、まだ出てこないねぇ」と言われた。そんなのその瞬間に体が勝手に決めるもんじゃないのか？　うーん、まだピンとこない。

夜、地震。震度3くらい。1人だったので焦る。とっさにお腹を抱えてしまった。なにがあっても守りたい。大切な大切な楓すけ。

朝：プログリーンズ
昼：チーズパン、コーンパン、アップルパイ
夜：トマトパスタ、ストロベリーアイス、バームクーヘン（軽く吐く）

10・8 【夜／53・2kg】

お腹がよく張る。楓すけ、本格的に出てくる練習ですか？ そしてやっぱりお肉が美味しい。大きくなるために楓すけが「肉くれー！」って言ってんのかしらね。今日は夫とよくおしゃべりしとった。なんとも可愛い光景です。もうすぐ目の前で見れる光景。信じられんっ。ちなみに昨日の夢では楓すけは女の子じゃやった。

朝：プログリーンズ
昼：スタイリストの西さんとランチ。パン、豚のテリーヌ、カモのロースト、魚のマリネ、きのこのスープ、かぼちゃとなすのペペロンチーノ、トマト、かじきまぐろのトマトパスタ、真鯛のグリル、サラダ、洋なしのタルト、パッションフルーツケーキ、アイス
夜：チーズパン、カツサンド、たい焼き

chapter
6

妊娠 10 ヶ月

嵐の前の静けさ!?

10・10 ［夜／52・8kg］

朝トイレに起きたら、そのまま目が覚めてしまう。お腹が空いている。昨日の夜も案外しっかり食べたのに……。楓すけ、ラストスパートかけるために猛スピードで栄養をかっさらっていく感じですな。今日は操体※。気持ちいい。

朝：プログリーンズ
昼：玄米鮭おにぎり、玄米いなり、コールスロー、カレーコロッケ、大学芋
夜：ミートソーススパゲティ、トマト、小豆アイス

10・11 ［夜／53・2kg］

夫と一緒にランチした後、原宿へ。産後用ブラ※などを購入。それから気になってたお店を2軒まわる。青山の子供服はあまりの可愛さに半笑いの私。しかし女の子モノがメインのお店。欲しいものは山のようにあったが、楓すけの性別は楓すけのみぞ知る状態なのでね……。こういうもん見ちゃうと「女の子がいいっ!!」って気分になりますね。あーどっちなの？

その後、代官山へ。なんだか興奮してクッションやらブランケットやら購入。ヨダレの出そうな赤ちゃんグッズ発見。性別分かってたら間違いなく落

Rie memo.
操体はかれこれ6年くらい続けてる体操です。今で言うヨガみたいなものかな。毎週先生が家に来てくれて、うにうに運動。内臓を引き上げて、体の芯を鍛える体操です。

※操体（そうたい）
歪みのない身体を保つ体操のこと。自然な身体の動きを身につけることができる。

ち込むくらいに買い物しとったな、今日……。

朝：プログリーンズ
昼：なすと豚肉のしょうが焼、とん汁、ごはん
間：モカアイス、チョコミントアイス
夜：クロワッサン、ソーセージ、芋、ザワークラウトのピザ、くりのデニッシュ、はちみつデニッシュ

10・12 ［夜／53・2kg］

私、25歳おめでとう!! 楓すけを腹に抱えて誕生日だなんて、幸せですなあ。と言いつつ……夫は昨夜の飲みすぎで駄目人間……。

よりによって今日かよ……。がっかりママさん、泣く。だって「楓すけの服見に行こっ！」って約束、楽しみにしてたんだよう。感情の起伏が激しい妊婦には、かなりキツイ1日でありました。あーあ。

朝：プログリーンズ
昼：鮭おにぎり、明太子おにぎり、卵焼き、ぜんまい煮物、みかん
夜：『アルポルト』にてアボカド・カニ・トマト・キャビアの前菜、にんじんピュレ、うにのコンソメゼリー寄せ、貝のバジル焼き、スカンピのグラタン、カラスミとキャベツのパスタ、魚貝のトマトパスタ、イカスミリゾット、白ワインゼリー・グレープフルーツのグラニテ、ティラミス、くりのチョコタルト

※産後用ブラ（P94）
カップ部分が開き授乳しやすく作られているブラジャーのこと。

10・13 【夜／53・4kg】

腰が痛い。仙骨※の辺りがとくに。動くたんびに、つきーんとする。骨盤がゆるんできてるんだなぁ、きっと。タイミング良く明日は骨盤ケア。お風呂入って温まると少し楽になる。今日は雨が止んだので久々に駒沢公園へ散歩。ここまでくると本当にのんびりしか歩けない。でもゆっくりのんびりの散歩は気持ちいい。楓すけをお腹に入れて、あと何回くらい散歩できるかしら？

朝：プログリーンズ
昼：鮭おにぎり、おかかおにぎり、五目いなり、卵焼き、からあげ、みかん、バームクーヘン
夜：ミートソーススパゲティ、巨峰、バームクーヘン

10・15 【朝／53・2kg　夜／53・6kg】

昼間は久々の秋晴れ!!　とても気持ちいい。夫も15時頃までは家にいたので自宅検診に立ち合う。楓すけはとっても元気。心音も良く、神谷さんに「いい子ねー」と褒めて頂く。神谷さんがお腹を触ろうとしたら、脇腹がとんがる。楓すけ、神谷さんのことが大好きねぇ。「あらあら、あなた足だして!!」と神谷さんもすごく楽しそう。たくさんの妊婦さんを受けもってるだろうに、

※仙骨（せんこつ）
腰の部分にある二等辺三角形の骨のこと。5つの仙椎が癒合したもので、尾骨とともに骨盤の後壁を作っています。

神谷さんは常に新鮮な気持ちで診てくださる。っていうか、気持ちが伝わってくる。夫もそれを検診後いつも言う。嬉しいよね。
37週に入り、いつ産まれてもおかしくない。うーん今夜産気づいても不思議じゃないわけだ。でも、楓すけはちびっ子だから、もう少しおれー。のんびりしろー。

朝：プログリーンズ
昼：カレーうどん、キャベツの浅漬け
夜：明太子パン、かぼちゃスープ、かぼちゃデニッシュ、巨峰、オレンジケーキと、思ったらパン。
気分屋ですね。しかし夜は食べすぎて、軽く吐く……。

10・16【夜／53・6kg】

夫が演出の舞台『バット男』を西尾さんと観劇。西尾さんにベビースリング※を頂く。帰宅後、ぬいぐるみを入れて試してみた。ちょっとテンションが上がった。夫もよくお似合いでした。楽しみじゃ〜〜!!

朝：プログリーンズ
昼：きざみそば、オレンジケーキ
夜：『ミュン』で、生春巻き、エビ団子、青パパイヤサラダ、空芯菜炒め、ビーフン、ひき肉野菜炒め、チャーハン、ココナツアイス

Rie memo.
出産直前のこの頃が一番気持ちが安定してたような？　いい感じにのんびりしてて、良い状態でお産に入れたね。

※ベビースリング
抱っこの補助道具。輪になっている布の肩方から腕を通し頭をくぐらせてたすき掛けにし、ハンモック部分に赤ちゃんを入れます。常に赤ちゃんと一緒にいられ、両手も空くため多くのお母さんが愛用しています。

10・18 【夜／53・0kg】

自宅にてカップル講座。大葉ナナコさんに来て頂く。お疲れながらも真剣に話を聞く夫。陣痛中のサポートの仕方などをいろいろ教わる。骨盤近辺のマッサージはとても気持ちいい。一生懸命に練習してくれる夫。「人間の仕組みってすごいなぁ」とお風呂のときに改めてつぶやいておりました。さて、本番のときはどうなるのかしら？

朝：プログリーンズ
昼：『フルド』で、アスパラと豚肉のスパイシーカレー、サラダ（ポテト、プチトマト、パスタ、ゆで卵）
夜：ヒレかつ、アスパラチーズ巻き、なます、きり干し大根、五目豆、白米、かぼちゃサラダ、大学芋、あんまん、（吐く）

10・19 【夜／53・8kg】

コクーンで舞台『赤鬼』観劇後、鍼灸。整体してもらってすんごい楽!!妊娠中の腰痛ってのは軽くネンザしてるようなものらしい。鍼灸のおかげであお向けで寝ても、久々に足が楽に延ばせる。定期的に通っとけば良かったなぁ。産後、骨盤締めにくる約束をする。さて、明日から38週、予定日2週間前。いよいよ近づいてきましたなぁ。他人事のような……。

朝：プログリーンズ
昼：「喜楽」もやしラーメン、ぎょうざ
夜：鮭おにぎり、ゴマこんぶおにぎり、肉じゃが、ささみチーズかつ、いそべ揚げ、トマトサラダ、鶏ごぼうサラダ、揚げだしなす、※くりんパイ、巨峰

10・20 【夜／53・6kg】

台風ですんごいことになっているが、執念で焼き肉。実際に食べるかは別として、気分は焼き肉か寿司。痛風になりそうな食生活だ。昨日届いたデロンギヒーターは、夫にも好評。これで寒い夜の授乳もバッチリさ!!　友人の祥子からオムツ用ゴミ箱のスペアとオムツをしこたま買っとけ、とのアドバイス。驚く早さで消えていくらしい。近々また『アカチャンホンポ』行かねば……あああ。

朝：プログリーンズ
昼：『夢呆』きざみそば
間：グレープフルーツゼリー
夜：『トラジ』ハラミ、タン塩、ミノ、ホルモン、チヂミ、チャプチェ、キムチ、納豆、チゲ、チョコアイス

※くりんパイ
信州・小布施にある竹風堂の銘菓。独創の渋入り栗あんがパイ生地にしっとりと包まれたパイまんじゅうで、老舗ならではの深い味わいと自然な美味しさが人気。

10・21 【夜／53・4kg】

（市川）実日子ちんと劇団新感線のお芝居を観劇。早めに待ち合わせして、早めの夕飯。少しリッチに帝国ホテル。楽しいのう。産後、授乳のために当分おさらばなスパイシー系にどうしても心ひかれる。っていうか、ホテルのカレーってどうしてこんなに美味しいんだろうか？　たかがカレーに3000円払うのも笑っちゃうがサービス良し、雰囲気良し、ん～やっぱりあたしはホテルごはん大好き。

朝：プログリーンズ
昼：湯麺、くりんパイ
夜：『帝国ホテル』ビーフカレー、オレンジジュース、クッキー、（帰宅後）アロエヨーグルト、ポテチ

10・22 【夜／53・2kg】

夫とデート。『タイニィ・タイト』で子供服を見たり。「こりゃ、自分の服じゃなくて、楓すけのもん買っちゃうわ！」とテンション高めな夫。いろいろと欲しかったけど、性別不明のため、今日のところは手ぶらで帰る。病み上がりの夫に、臨月のママさんなので、お産用の布団などの大物は買えず……。

「なかったらなかったでだいじょーぶよ！」と余裕な私に不安気な夫なのでした（夜寝る前、モーレッツに足のつけ根付近と、骨盤付近が痛くなる。あたた……楓すけ、下りてきてるのかい？ 何だか落ちつかず、部屋をウロウロ）。

朝：プログリーンズ
昼：（代官山）えびピラフ、ローストビーフ、鮭ときのこのソテー、もやしおひたし、ツナマカロニ、ミネストローネ、オレンジジュース
間：ロイヤルミルクティー
夜：ミートソーススパゲッティー、くりんパイ、杏仁豆腐

10・23 ［夜／53・6kg］

神谷さん、別の方のお産のため、検診は明日に変更。午前中から布団を買いに二子玉川へ。女1人だと効率良し。心おきなく迷ったりできるし。楓すけの寝具を見るが、残念なデザインばっか。何で!? こんなギリギリになって慌ててても遅いんだが。

前駆陣痛※？ 20分おきくらいに少し痛い。1時間続いた後、10分おき。でも気付いたらなくなってた。お寿司食べながら「これって陣痛※かなあ？」と夫に説明すると「ちょっとー、どうしてそんなに余裕なのぉ……」と怖がる。

Rie memo.
骨盤がツキーンとする痛みは、やっぱりお産直前の合図なのかなぁ？

※前駆陣痛（ぜんくじんつう） 陣痛の前兆としてあらわれる症状のこと。

※陣痛（じんつう） 分娩の際に、定期的に反復して起こる子宮の収縮、またはその痛み。徐々に痛みが起こり、次第に強烈になります。

張り＋痛みのミックスは今までなかったので、ちとドキドキするが、軽い生理痛程度。お産が近づいてる証拠なんだろうか？　それにしてもすんごい食欲。吐いてたのが嘘みたいに、すいすい食べれちゃう。昼のピザなんか、夫よりも食べた。楓すけラストスパートか？

昼：ピザ、コーンサラダ、ポテト
夜：（寿司）穴子の洗い、あん肝、たこの洗い、くわい、ハマグリ、しゃこ、小柱、穴きゅう、イカのにぎり、甘とうがらし、トロたく、イクラ、ウニ、杏仁豆腐、洋なし

陣痛タイムメモ

PM　6：10
6：25
6：35
6：41
6：53
7：06
7：15
7：24
7：37
8：03
8：57
9：19
10：06
10：47
11：43
AM　12：34
12：57

Rie memo.
実は23日まで車の運転してました！　みんな危ないって言うけど、私はタクシーよりも自分の運転のほうがよっぽど安心。シートベルトはお腹の下につけて。だから楓すけはドライブ大好きっ子です！

chapter 7

誕生

自宅 de 出産

10・24 【昼／53・0kg 検診】

明け方、お腹の痛みで目が覚める。予想外の間隔で、きゅーっと痛くなる。緊張して体が堅くなる。トイレに行ったばかりなのに、まだ残ってるような気がして、何度も出たり入ったり。一定の間隔にはならないものの、確実に痛みがやってくる。でもまだ耐えられる。じーっとしてれば。朝の6時から昼の2時間くらいは興奮して眠れず。夜8時を過ぎた頃から間隔が1時間くらいになり、軽くウトウト。でも痛みで起きてしまう。

昼過ぎにちゃんと起きてからは、朝ほどの痛みはこない。午後からの検診の際、神谷さんに報告すると、やはり前駆陣痛とのこと。本格的な陣痛の場合は、明らかに別格らしい。普通にやり過ごせばなんとかなるのか……。楓すけも38週まで入っていてくれたから、もうそんなに心配しなくてもいいみたい。

朝：プログリーンズ
昼：『ノルド』たらばがにチャーハン、サラダ、ポテトサラダ、パスタ、パパしゃんのトマトパスタ
夜：ヒレかつ、チーズ入りメンチ、えびフライ、ポテトサラダ、五目豆、キャベツ、トマト、くりんパイ、アップルパイアイス

Column

陣痛あれこれ

予定日が近づくにつれ子宮の収縮回数が増えていくんですが、これを前駆陣痛といいます。私は出産の1週間前くらいから、「生理痛？」みたいな痛みを感じていて、間隔を計ったりしてました。おーそろそろ本番かね？　などと腹に話しかけ、余裕で寿司やら焼き肉やら贅沢三昧。楓が「母ちゃん栄養をくれー！　ラストスパートかけて成長するぜ!!」と言っていたのか、お産に向けて私がエネルギーを蓄えていたのか……？　とにかく恐ろしい食欲の中、久々の生理痛っぽい鈍痛を感じつつケラケラ笑う私なのでした。「全然痛くないよ！　余裕！　余裕！」とか言ってさ。馬鹿だね私。これからやってくる本物の陣痛にのたうち回るんだよ。まぁこういう「痛み」に関しても感じ方は人それぞれなんですけどね。私は自分では痛みに強い！　と思ってたんだけど、勘違いでした私の。別格だよ、陣痛。なかなかのクセ者だよ、陣痛。でも産んじゃった今となってはよく覚えてないんだけどねぇ。これが女のすごいとこだね。まぁ、痛いけど我慢できない痛みじゃないからなー。っていうか、そりゃ痛いよ。人が出てくるんだもん。当然さ。私は、経験すべき痛みだと思うのだが。もちろん人それぞれ価値観は違うから、無痛分娩なんかを否定するつもりは全くないけど。要するに、自分が満足できるお産が一番だから。誰がなんと言おうと、本人が満足ならそれでいいんだよ！　お産なんてプライベートなことなんだから。そのためには人まかせじゃなくて、自分で色々調べたり、病院を選んだり、どんどん行動することですね。やれるだけのことはやった！　っていう満足感があれば、それはお産への自信につながるからさ。

10・25

芝居の打ち上げで朝帰りの夫。帰ってきたことに安心した途端、なんだかドロリとした感覚。生理のときの懐かしい感じ。「まさか？」と思いトイレに行くと大当たり!!　「おしるし」※である。きゃー、とうとうやってきたのか!?　夫に報告すると、軽くアタフタ。「えっ？　楓すけ出てきちゃうの!?」。

明け方4時頃から前駆陣痛の間隔がなんとなーく10分前後。とりあえず神谷さんに電話。産後の今考えると、陣痛にも入らんッ！　ってくらいの程度。しかし「おしるし」がきたことへの緊張などですごく痛いような……？　「不安だろうから、とりあえず様子を見に行きます」と神谷さん。10時頃に神谷さんが到着するまでに、間隔5分前後。痛みは少しずつ増す。間欠期に痛みが消えても、次の陣痛がきた瞬間にパッと目が覚める。間隔をメモする手もふるえる、字もふるえる。今見ると笑えるけど、その時は「本番が近づいてるんだ……」という不安でいっぱい。

神谷さんの顔を見るとホッとして笑顔になる私。痛みも何だかおさまってしまう。「そんな顔ができるようじゃ、まだまだ先ですね」と言って、ひとまず状況を見るために内診。「失礼」と言ってぐいっ!!　思わず体がキョヒし

※おしるし
少量の血が混じったおりもののこと。おしるしがあると、数日以内に陣痛がはじまるといわれ、お産のサインのひとつです。

てしまう痛さ。「あらー、まだまだですねぇ……」と残念そうな神谷さん。まったく開いていないのである。問題外である。楓が小さいために頭はどんどん下がってきてるのに、子宮口は閉じたままなので痛みを強く感じるらしい。「今すぐお産なんてありえないので、しきり直しましょう！」と神谷さんは一度帰る。すると不安になってまた痛い。

昼頃、夫は仕事へ。「すぐ帰るからね」とドキドキ顔の夫。こういうときは案外身内がいると逆に気を使ってしまうような、フクザツな感じでして……。1人になり不安な反面、気が楽になったり……。

友達の祥子ママにメールで報告。「何かあったら、すぐ飛んでくっ！」といろいろと心強い返事。その後も陣痛のがしのテクニックを逐一メールしてくれる祥子。ありがたい。「もうすぐママだよ！」との言葉にちとやる気が芽生える。「破水※してないなら、お風呂が気持ちいいよ」とのアドバイスに従い実行。なるほど、気持ちいい。陣痛はお腹（下っ腹）の痛みはもちろんだが、腰（骨盤付近）の痛みがもう、もう、もう尋常ではない。まぁ、赤ちゃんが下りてきてる痛みなんだろうが、思わず「痛いよー」と声が出る。お風呂やシャワーで温まると、やわらぐのだ。お風呂から出て落ち着いた頃、母がご飯を持ってやってくる。夫も早く終わって帰ってくるそう。力をつけ

Rie memo.
私は「おしるし」からはじまったお産でしたが、いきなり破水の人もいるし、これもにんぷそれぞれだね。

※破水（はすい）
分娩時、羊膜（卵膜）が破れて、羊水が排出されること。また、その羊水そのものを指す場合もあります。

ねばと思うが、キンチョーと痛みで、おいなりさんをひとつしか食べれない。陣痛がきたら、とりあえず母に腰をさすってもらう。間欠期※は嘘みたく痛みがなくなるので、談笑。

21時頃、再び神谷さん登場。再びキョーフの内診※。思わず「いたぁーいっっ!!」と体がよじれる。困ったことに、まったく進行なし。これでは見通しもつかない。「残念だけど、今日中とかは有り得ないですね。明日中に産まれればいいほうかなぁ」と神谷さん。こんなに痛いのに……まだ続くのか!? 取りあえず23時頃、改めて経過を神谷さんに報告して、その時の様子でまた判断することに。神谷さん、母一時退散。こればっかは自然のなりゆき。急に進んだりする可能性もないとは言えない。

そこからの2、3時間は更に痛くなりパニック。夫に後ろから抱っこしてもらい、落ち着かせる。どうなっちゃうんだろ!? っていう不安と、楓すけは下りたがってるのに、私の子宮口が駄目だから……皆にも迷惑かけて……などなど、様々な気持ちがごちゃまぜ。泣きながら、夫にぶちまける。「私が悪い子だから、楓すけ産まれられないんだ〜」。思い返すと笑えるがそのときは超必死。だって私が産まなきゃ、誰が産むのさ。夫は終始優しく（野球中継見ながらなのが頭にきたが……。集中しろ、こっちに!!）大事にしてくれた。逆にちょっと呑気なとこが気楽で良かった。期待されすぎると、こっ

※間欠期（かんけつき）
間隔を置いて起きる陣痛の痛みがない時間帯のこと。

※内診（ないしん）
女性の内生殖器の診察のこと。

ちも早く産まなきゃ！　ってプレッシャーだしね。

それにしてもどんどん痛くなる。フー、フーとある程度理性を保ちつつ、陣痛期を過ごせてたのが、どーんと強くなる。悲鳴と「痛い〜〜〜痛い〜〜〜〜!!」の連発。腰をさすってもらっても、もうやりすごせなくなり、思わず夫の手をはらいのけたり。23時、夫が神谷さんにTEL。「どんどん辛くなってるみたいです！」というと、不安だろうから、と今夜は泊まってくれることに。私の両親も駆けつける。しかし、相手する余裕まったくナシ。むしろ、気になって困る。父は超（！）心配顔。「いつもなら、りえは痛い！　痛い！とか辛いこと言わないのに……」と、普段のわたしと比べて、今の状態に驚いている。「何か足りないものはないか？」とウロウロする父に「足りてる！」と叫ぶ私。もう見てられないって感じの父は「車で待ってる」と退散。もうどうにもこうにも痛すぎる。誰も陣痛の間隔を計る余裕はない。

Rie memo.
陣痛……痛かったという記憶はあるけど……たしか腰の内側からハンマーで叩かれてる感じ。プラス生理痛の爆発バージョン。

MOON CALENDER

月の引力が潮の満ち引きに影響を与えるように人間の体内も月の影響を受けているんだとか。満月の日には、人の出産率が最大になったり、新月のときには最低になったり！　そこで、助産師さんもムーンカレンダーを使って赤ちゃんが産まれる時間を予測したりするそうです。恐るべし、月の力……。

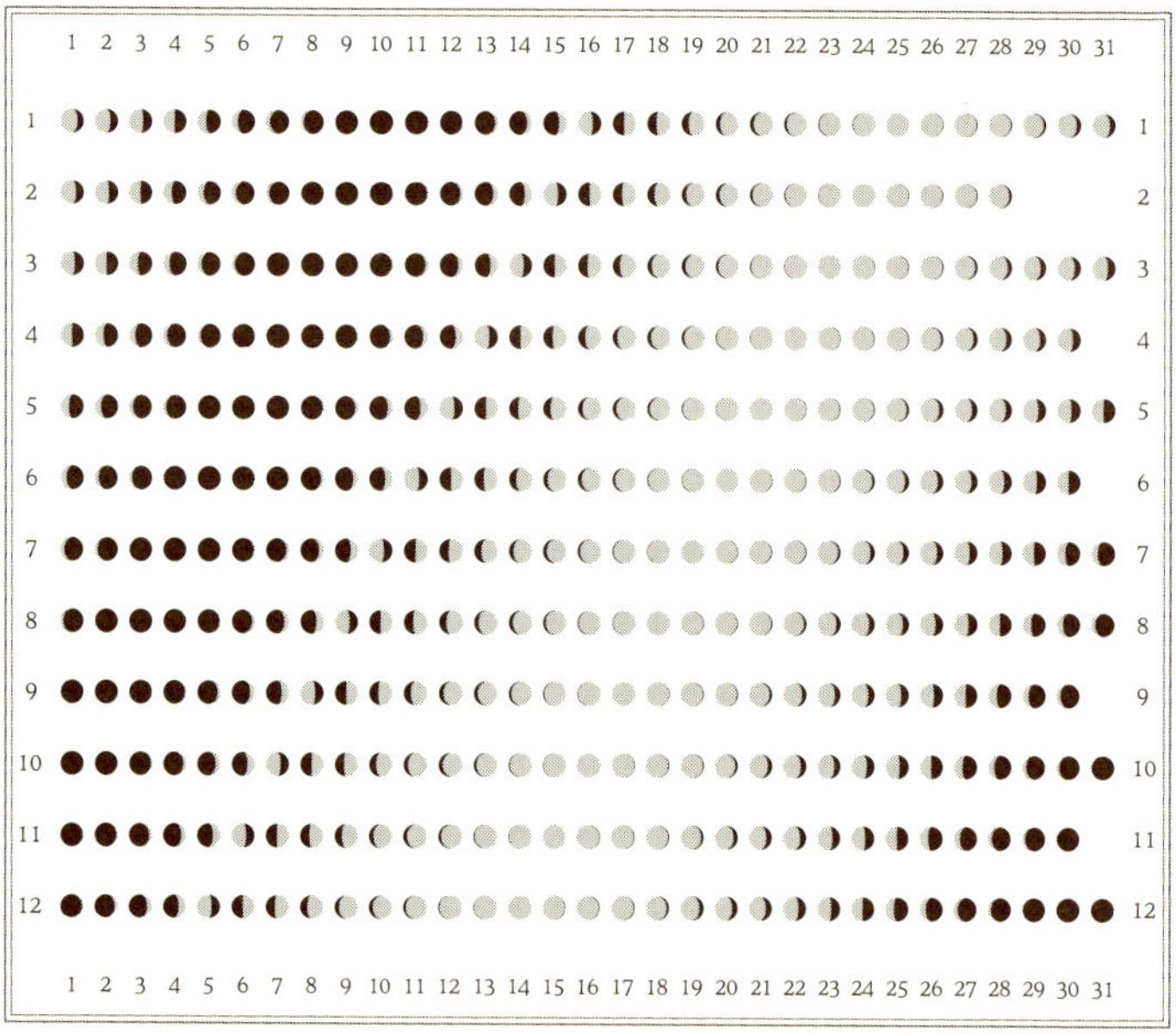

ムーンカレンダー
このムーンカレンダーの見方は、左に月が、上には日にちが表記してあります。知りたい日にちの月と日が交わうところに描いてある月がその日の満ち欠けになります。

10・26

神谷さんの到着は日付が変わって26日になった頃。神谷さんが優しくマッサージするように腰をさすってくれると、痛みが少しやわらぐから不思議。しかし、痛みはさらに強く。内診したところ、「すこ〜〜〜し開いてきた」とのこと。でも「お産がはじまるのは明日、いや明日産まれればいいほうかも!?」の言葉にわたしは絶句。「長くなりそうだから、みんなで横になりましょう！」との提案でリビングでザコ寝。神谷さんはあっさり寝る。でも私の陣痛がきて、うめき声がするとウトウトしながら腰をさすってくれる。産後、「一番辛い人を放っておいて、ごめんねえ」と笑っていたが、いやいや凄いですよ。私も眠って体力を付けろと言われるが痛くてそれどころじゃない。この時点の痛みを考えると25日早朝の陣痛なんて〝へっ！〟みたいなもんである。下っ腹も痛いが、腰がくだけそう。

みんなの寝息の中、1人悶絶しつつ朝を迎える。9時頃、陣痛は少し弱まる。この間に神谷さんは別の現場へ。すごいパワー。母はソファーですやすや、夫は「仕事もあるんだから」とみんなにベッドへとすすめられ、すやすや。昨日からほとんど食べてない。食欲はないが力をつけないとお産にならないので、這いつくばりながら台所へ。結局、昨日の残りのおいなりさんを1つだけ無理矢理食べる。それだけでも大変。どうにも痛い。本当に生まれるのか？　つーか、早く産んでこの痛みから解放されたい……。マイナスモードになったときはとにかく「楓すけも頑張ってるんだ！　もうすぐ本当にママになるんだ！」と自分に言いきかせ、何とか気持ちを奮い立たせる。

母には一度帰ってもらおう。心配そうだが、「何かあったらすぐ呼ぶから」と伝える。正直、この状況で親に心配そうにウロウロされると集中できない。夫は午後から仕事。「すぐ帰るからね!!」。神谷さんと2人きり。

夕方頃、なんだかトイレに行きたいような感覚。ウンチしたいような……？

そういや神谷さんが何度も「トイレ行きたくなりません？」と聞いていた。そう、陣痛がくると自然にいきみたくなるのである。楓すけが下りてこようとするときのあの辛い痛みもいきむと少しラクなのだ。

「あら、上手！　上手！」と神谷さん。なんか一歩前進した感じ。それからひっきりなしの陣痛で、どんどんいきむ。「あら、お父さん間に合わないかしら？」と嬉しそうな神谷さん。内診すると楓すけが半分までできていることが判明!!　夫には立ち合ってもらいたいが、今はとにかく産んでしまってこの痛みとはサヨナラしたい。早く全開しろ！　私の子宮口!!　サポートの鴨原《しぎはら》さん（鴨原さんは別のお産で来れず、なんと鴨原さんの娘さん登場。勿論助産師さん！）登場。20時頃にはいい感じの陣痛で自分でコントロールできる範囲。これってどうなんだ？　少しずつ陣痛に慣れてきたのか？　そういや呼吸法※などまったく練習してないけど、なんとなく自分に合うやり方がある。自然の流れに乗れば、できるもんなんだ。神谷さんたちにも「上手！　上手！」と褒めてもらう。嬉しい。そんなこんなで夫帰宅。楓すけ、パパさん待ちしてたの？　顔見てホッとしたら……あら？　陣痛が弱まったような……。

　神谷さん再びウトウト。鴨原さんのススメで、お風呂に入る。この2日でものすごい汗。楓すけを迎える前に、ちょっとキレイにしておきたい。今思えばこんなことを考えられる時点で、お産はまだまだって感じですね。夫がお湯をためてくれる。陣痛がくるとのたうちまわりたくなるが、なんとか体を洗い、湯船へ。間欠期は本当に気持ちいい。腰の痛みもやわらぐ。ホッとしたのも束の間、弱まったとはいえやはり痛いもんは痛い。上がって軽くスキンケア。歯もみがく。パジャマも着替えていざ出陣。力をつけるためのレメディを舐めたり、ヨーグルトを食べたり。お産はとにかく体力勝負！　今思えばもっと頑張って食べとけば良かった。そして、体重ももっと増やせば良かった。お産も育児もホントに体力が命！　陣痛中に美味しく食べられたのはヨーグルト、飲み物はスポーツドリンク。少し甘みのあるものの方が口にしやすい。

※呼吸法（こきゅうほう）お産が始まってからの呼吸の仕方で、緊張をほぐしてリラックスしたり、いきみを逃がしたりします。「ラマーズ法」「ソフロロジー式出産」などがあります。

Rie memo.
陣痛の中、体力勝負だから！　と食べることをすすめられるが、食欲なんか全くない。それよか痛い。それだけだ。痛すぎて吐いちゃう人もいるらしい。

Column

胎盤を食べる!?

赤ちゃんが産まれてきて、うわ～……やっと終わった……と放心してると、またまた陣痛が!? そうそう胎盤※が出てくるのです。楓すけも胎盤を枕にして羊水の中で眠ったりしてたのでしょうか。頑張ってくれてありがとう、私の胎盤ちゃん！ そういや妊娠中は「胎盤を食べるんだっ」と意気込んでいたのですが、実際は疲れ果てていて、そんなこと一瞬たりとも思い浮かびませんでした～。でもレバーみたいにプルプルしてて美味しそうだったなぁ。採れたて直送！ みたいな……。ちなみに駆使された胎盤は小さくてシワシワだったりと、これまた個人差があるみたいです。

※胎盤（たいばん）
哺乳動物が妊娠したとき、母体の子宮内壁と胎児との間にある両者の栄養 呼吸・排泄などの機能を媒介する盤状の機関のこと。胎児の分娩後、胎盤も続いて排出されます。

10・27 【楓すけ誕生】

日付を超えたあたりから、みんなちょっと本気モード。明日には持ち越したくない。陣痛に合わせて神谷さんが指で「ぐいっ!!」と入口（子宮口?）を広げる。痛いのなんのって。思わず叫ぶママしゃん。「こっちの方向なのよ!! こっちにいきんで！」と神谷さん。最初はただ痛くてその意味が分からなかったが、何度か繰りかえすうちになるほど納得。神谷さんの「ぐいっ!!」に合わせて、すんごい力を出すことが必要らしい。試しに夫の手をつかんで、ありったけの力を込めていきんでみる。「そうそう、上手！」と神谷さん。繰り返すごとにコツはつかめてくるが少し途方にくれる。

こりゃ、理性も何もかもふっ飛んで、恥ずかしいとか痛いとかそういうものから全部開放された瞬間に産まれるな、と。産後、夫が「産まれる直前にいきんでるとこ見て、あーこれは産まれる！　って思ったよ」と言っていた。それくらい産まれる間際というのは、今までとはまったく別モノのパワーが出ているらしい。「手が折れるかと思った」と夫。

いきんでいきんで、なんかもう訳わかんな〜〜〜い!!　ってくらいいきんで、意識がとんだ瞬間になにかがはじけ水が溢れる。破水!!　次の瞬間股に何かが挟まってるような……？　頭だ!!　触らせてもらう。小さめの楓すけとはいえ相当ツライ。後できいたら、普通赤ちゃんは頭の骨を重ね合わせて出てくるけど、楓すけはまん丸頭のまま出てきたために大変だったのだとか。

夫いわく「楓すけの美意識に反してたんだね。産まれた瞬間、とんがり頭なのは！」。ようやく頭が出る。「ほぎゃ」と小さな泣き声。頭が出ちゃえば後は一気。ズルリと楓すけ誕生!!

Rie memo.
赤ちゃんが産道を通ってくる痛さといったら……！ うぎゃあ！ 思い出しただけで痛い。痛すぎて「ごめんなさい！ごめんなさい！」とか叫んでたな私。

「ほぎゃー!!　ほぎゃー!!」。
力強く泣く楓すけ。私はパジャマを脱がしてもらい、へその緒がついた状態でお腹の上に乗せてもらう（※カンガルーケア）。すると、すぐ泣き止む。安心したのか？　夫は興奮しながらもデジカメを手に写真撮りまくり。つーか、あまりに壮絶すぎて、私は感動モードには程遠い。

記念すべきへその緒カットは夫の仕事。へその緒はとてもキレイで神秘的。青みがかった白でなんかチューブみたい。温かいタオルで体をふいてもらい、オッパイをふくませる。オッパイが出てるかはよく分からない。会陰をクリップで止める。イタイ!!　神谷さん達はテキパキ働く。楓すけもなんだか上手にオッパイを飲んでいる。舌が長いから上手らしい。うーん、テクニシャン！
一通りの説明を受け、神谷さん達は家を後に。産着を着て、布団の上にちょこんと眠っている楓すけ。気付けば朝7時近い。実家や親しい友達にメールで報告。夫は今日も稽古だし、とりあえず眠ろう。おやすみなさい。

※カンガルーケア
赤ちゃんを母親の乳房と乳房の間に抱いて、裸の皮膚と皮膚を接触させながら保育する方法のことです。健全な心身の発達を促されると言われています。

出産直後のできごと

へその緒を切ったあと、楓は助産師さんに温かいタオルで体をふいても

Column

らい（産まれた直後に産湯にはいれません。あ、夫はやはり「お父さん、お湯わかして！」と定番っぽいこと言われてました〜）、真っ白な肌着を着せてもらいました。その間私は神谷さんに会陰の処置をしてもらったり、骨盤にさらしを巻かれたり……なんかもうなすがままでした……。とにかく神谷さんたちはテキパキとお見事な手際の良さ！　大葉ナナコさんが「お茶のお手前みたいに、さささっ……と見事なのよ〜」と言っていたが、本当に！　そしてオッパイを吸わせてみる。飲めてるのか、そもそもオッパイが出てるのかもよく分からないけど、1時間くらいそのまま吸わせておく。翌日から1週間神谷さんが様子を見に通ってくれる。沐浴《もくよく》のやり方なんかもそこで。しっかし、急にぺったんこなお腹……しかも楓すけが目の前でスヤスヤ眠っている……！　変な感じだ〜。

※沐浴（もくよく）
髪や体を洗うこと。新生児の場合はベビーバスを使いガーゼを使って全身洗ってあげます。

Q07. 実際自宅出産をする人は増えていますか？

A07. 全国で見れば変わらず0.1%程度ですが、東京都で見ると、0.3%と少し高いです（理由としては医療機関との連携がとりやすいことがあげられると思います）。

Q08. 自宅出産と病院とでは産まれてくる赤ちゃんの状態に違いはありますか？

A08. 産まれた直後が比較的落ち着いて静かです。お母さんに抱かれたりして1人にならない分、穏やかなのかもしれません。

Q09. 自宅出産をするにあたって一番大切なことは何だと思いますか？

A09. 心身ともに健康管理が一番大切です。あとは産後の身の回りのお世話をサポートしてくれる人がいるかどうかも重要です。

Q10. 自宅出産に向き不向きはありますか？

A10. 家族や身近な方々の賛成を得られていない場合はあまりおすすめしません。それと過剰に心配性な方は不向きかもしれません。

Q11. りえさんのお産はどうでしたか？

A11. 長時間に渡ってのお産でしたが、とても頑張り屋さんだったと思います。赤ちゃんも元気だったのでよかったです。

Q12. 最後にこれを読んでいる全国のママしゃんに応援メッセージなどアドバイスをお願いします。

A12. お子さんが先生だと思って、たくさん教えてもらってください。自然体で肩に力を入れず、同じ目の高さでモノを見られるお母さんでいれたらいいと思います。

INTERVIEW

ベテラン助産師
神谷整子さんに聞く、自宅出産 Q&A

Q01. 自宅出産と病院出産の一番の大きな違いは何ですか？
A01. 囲まれている環境、人を含めて「リラックス度の違い」ですね。

Q02. 何か特別用意しなければいけない設備などはありますか？
A02. 特別ありません。ありのままの状態で結構です。

Q03. 病院とは出産費用はどのくらい違うものですか？
A03. 助産師によって個人差がありますが、私の場合は入院料がない分、病院よりはお安いと思います。（平均して30～35万円程度）

Q04. 自宅出産が可能な基準とは何ですか？
A04. 母子ともに状態が正常な範囲内であること
（37週以上、41週未満である / 逆子でない / 双子でない、など）

Q05. トラブルが起きるとしたらどのようなことですか、またその確率は？
A05. お産に入ってからで言うと、陣痛が弱くてなかなかお産にならない、破水が先にきてしまうなどがありますが、1% 程度です。どちらかといえば妊娠中のトラブルの方が多いです。その場合は病院への転院となります（5% 程度）。

Q06. 助産師さんになるにはなにか特別な資格が必要なのですか？
A06. 3年以上の看護教育の後、助産の教育を受け、国家資格を取得することです。

ともさかりえ にんぷちゃんアルバム

ninpuchan album

日記を振り返ると毎日毎日いろんなことを感じながら過ごしているものです。何気ない日常を切り取った写真だって時間が経てば大切な思い出。

湯河原の『石葉』にて。
美味しいおやつにご満悦な
にんぷちゃん。

楓すけ7ヶ月

温泉にて

にんぷです！①

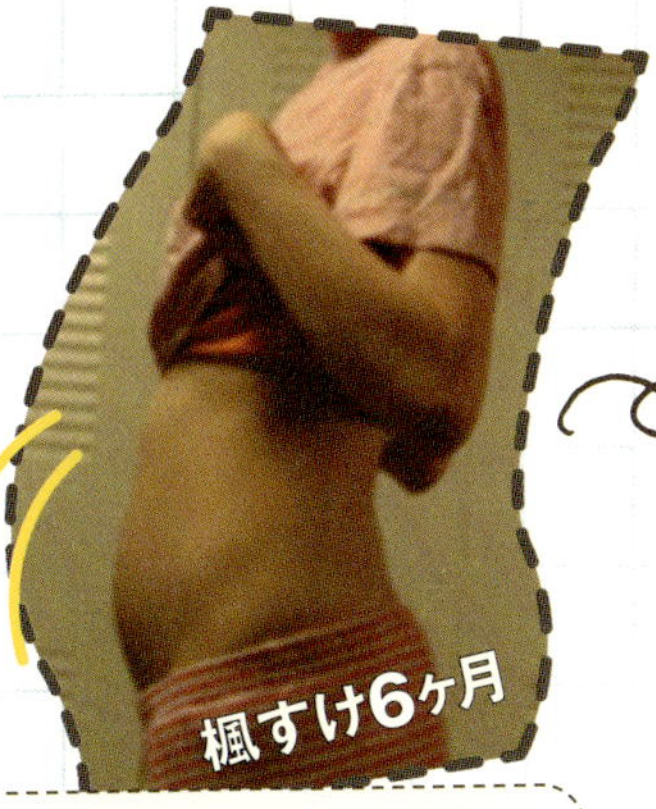

この頃は「食べ過ぎ」って言っても、まだ通用しておりました。

にんぷです！②

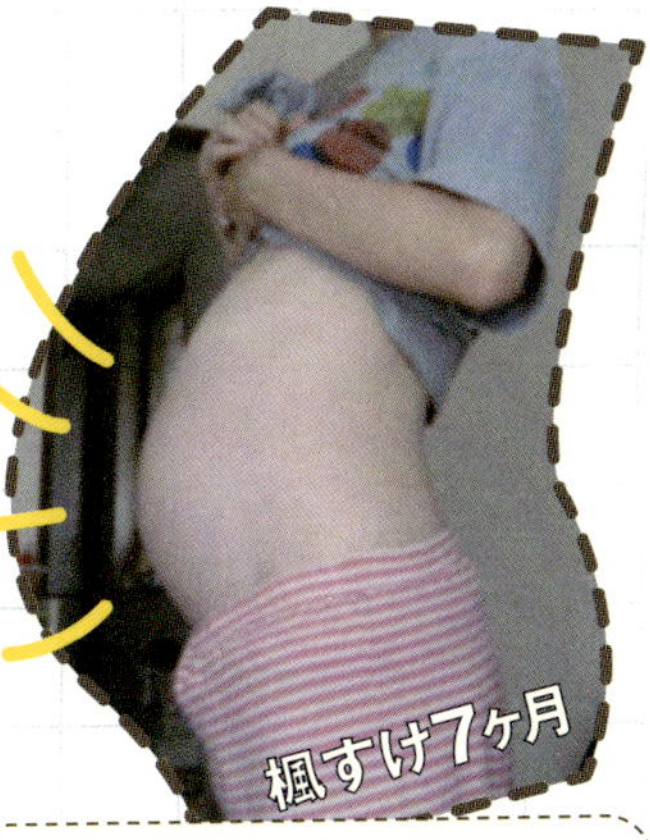

お腹とんがってますね。これでよく「男の子じゃない!?」と言われておりました。

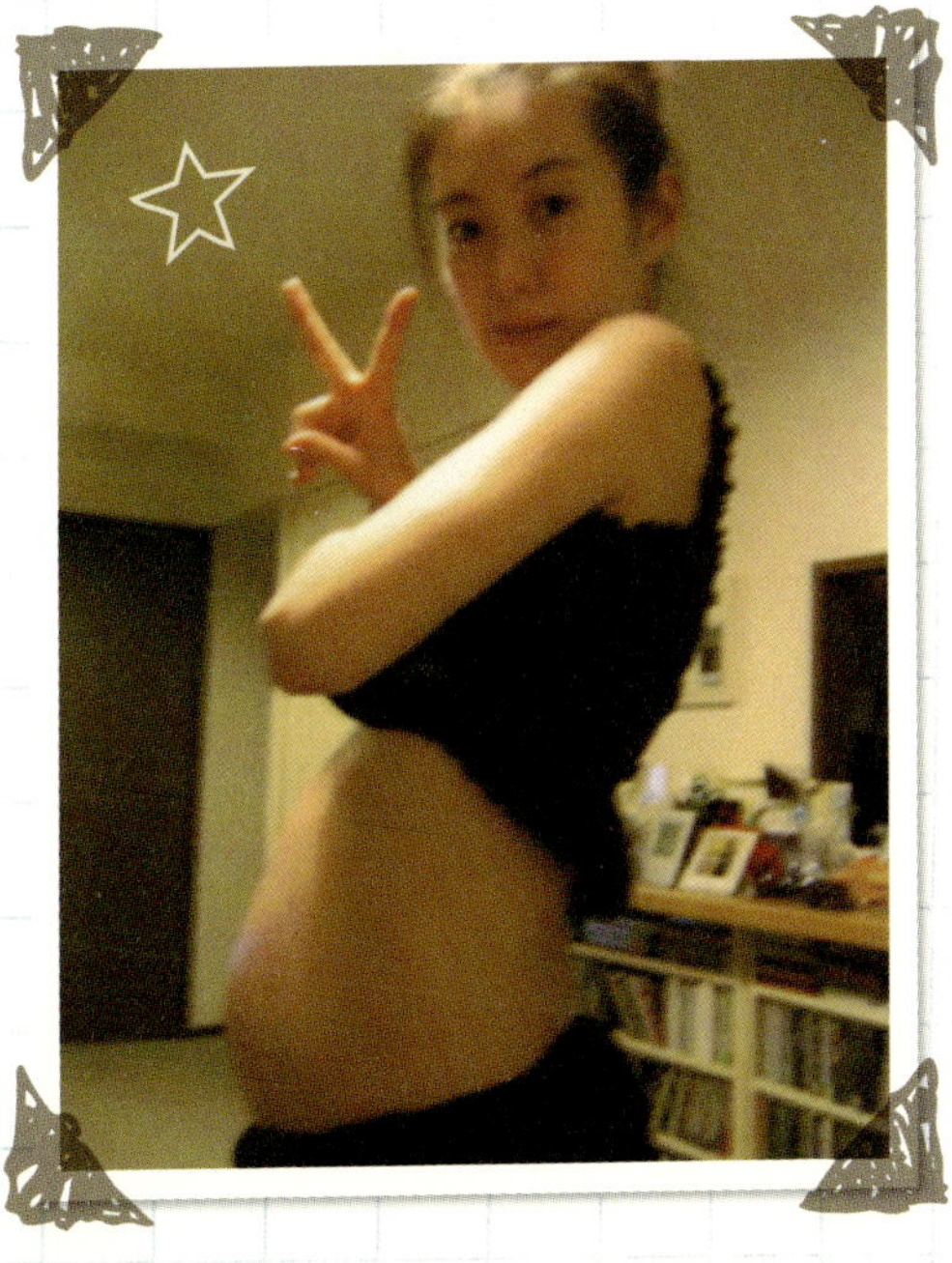

にんぷです！③

楓すけ8ヶ月

とにかくピースばかりのにんぷちゃん。やめなさい、ピース！ それにしても面白い体だ〜。すごいね、にんぷって！

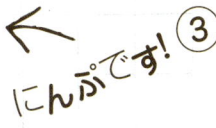

遊園地にて
楓すけ6ヶ月

夫と初遊園地。にんぷのくせに
コーヒーカップに乗る私。てか両
手ピースって……恥ずかしいね。

BBQ

楓すけ6ヶ月

バーベキュー中。無心で肉を頬
張っていたにんぷちゃん。食べ過
ぎ注意だよ！

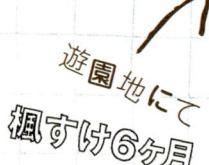

なんかエイリアンみたいですね。小さいなりにしっかりしてて驚いたなぁ。

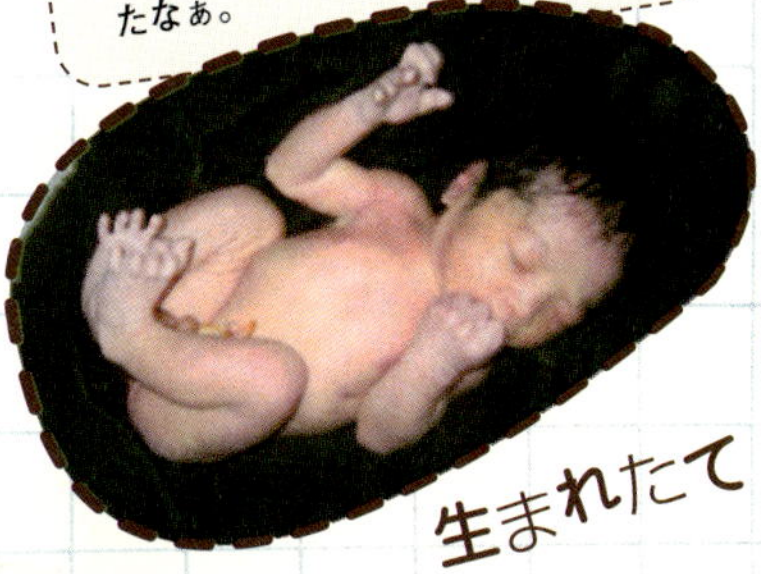

生まれたて

これは夫の力作です。夫のパソコンのデスクトップになってます。気に入ってるらしい。

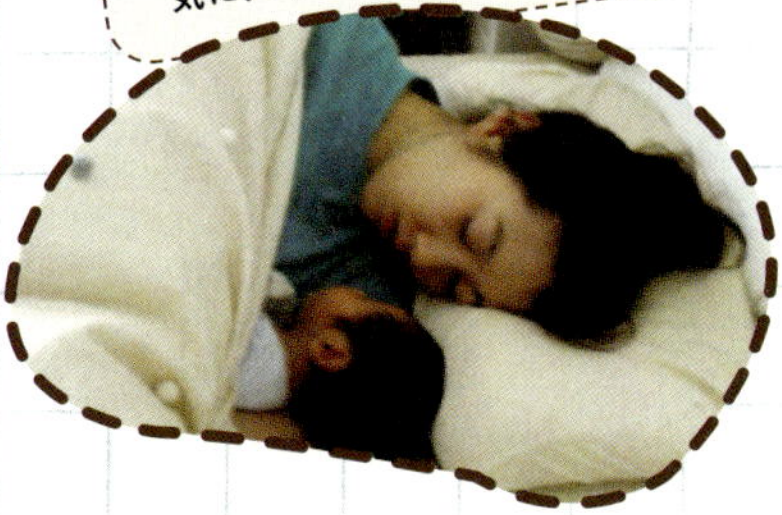

ふたりで寝んね

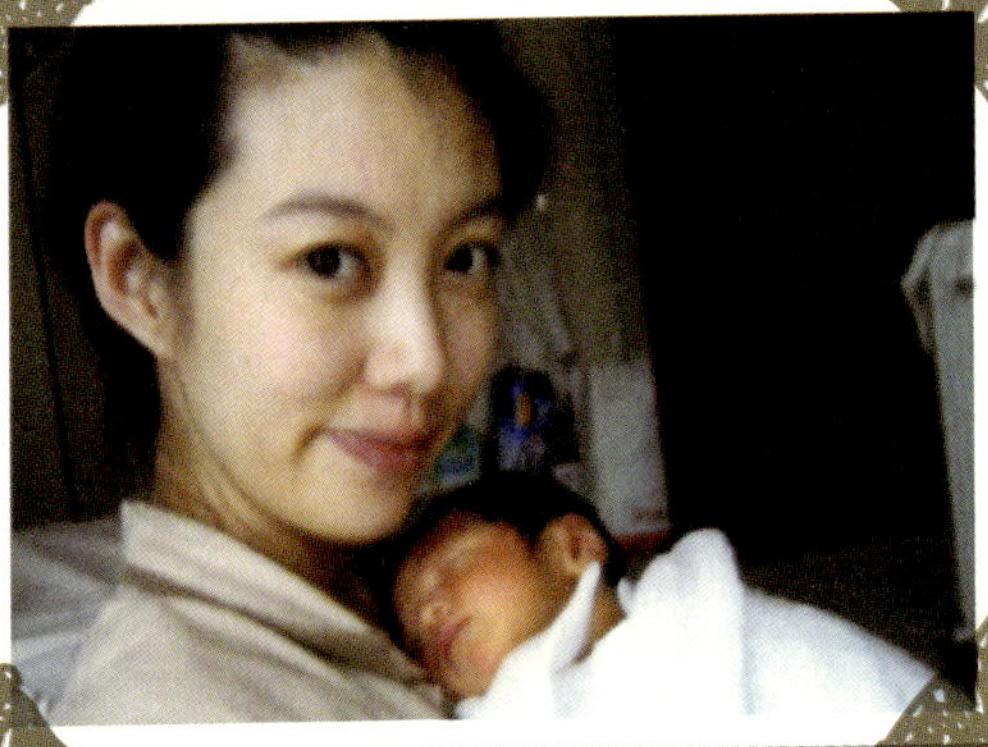

産まれました!

これは自分で撮りました。悪いもん全部産みおとしたような顔ですね。スッキリ!

1日め

これでも産後1日目の息子。なんかもっとデカそうに感じますね。私が初めて息子を写真におさめた記念すべき1枚。

す巻きの楓

これは私の母の仕業です。でもこうやって圧迫されてる感じが安心するみたいです。

あとがき

というわけで、楓すけは我が家のリビングで生まれました。
平成16年10月27日、午前4時12分に。
47時間17分かけて産まれてきた、タフな男です。

ラッキーだったね、私は。

これまで当たり前のように生きてきて、
当たり前のように子どもを授かりました。
血が一滴もついてないくらいの、
それくらいまっさらな状態で息子は産まれた。
ラッキーだったのである、私も息子も。
当たり前ではないんだ。

ちょっと湿っぽくなってみたが、正直な気持ちだ。
なぜなら「母ちゃん」というのはこのようにセンチな職業なのです。

私はとても良い状態で「にんぷ生活」を送れたと思うし、
自分のお産に心から満足している。大満足だ！
そりゃ妊娠中は色々あるし、実際にお産は大変である。
でも深刻ぶってたら本当にキリがない。
これは育児にも言えるのだが続きは「こそだてちゃん」にて。
どんな壁にぶちあたっても、笑ってりゃなんかうまくいくもんだ。
この本を読んでくれた皆さんの人生にも、笑いが絶えませんように。
心から願っています。

ともさかりえ

ともさかりえ（Rie Tomosaka）

1979年10月12日生まれ。東京都出身。1992年のデビュー以降
ドラマ、映画、舞台などで幅広く活躍し、2003年結婚、翌年出産。
現在は1児の母として子育てと女優業に大忙しの日々。
http://www.itoh-c.com/tomosaka/

[カバー]
撮影　柴田文子（étrenne）
スタイリング　山本マナ
ヘアメイク　栗原里美（AIR NOTES）
イラストレーション　天明幸子
衣装協力　ギンガムチェックワンピース（タバサ）／P・X（03-5469-6426）

[中面イラスト]
天明幸子（P1、P5（文字）、P6～8、P42、P58、P78～79、P80、P92、P120、P122～124）
フクマカズエ（P11、P17、P32、P35、P63、P67、P71、P75）

[企画・制作・デザイン]　株式会社 玄人

[構成]　竹村真奈

[マネージャー]　高柳利恵子、大森玲子（イトーカンパニー）

[エグゼクティブプロデューサー]　伊藤久美子（イトーカンパニー）

[スペシャルサンクス]　神谷さん、エリカさん、ナナコさん、祥子、陽子ちん

Mammaともさか　にんぷちゃん編

2006年7月31日　第1刷発行
2006年9月15日　第2刷発行

著　者 —— ともさかりえ
発行者 —— 前嶋　孟
発行所 —— 株式会社インデックス・コミュニケーションズ
〒101-0052 東京都千代田区神田小川町3-9-2 共同ビル
電話 03（3295）1658（書籍販売部）
03（3295）3010（書籍編集部）
http://www.indexcomm.co.jp/
印刷／製本　中央精版印刷株式会社

ISBN 4-7573-0387-4 C0077